U0469330

沃顿商学院图书

公司的灵魂

如何管理你公司的身份特征

The Soul of the Corporation
How to Manage the Identity of Your Company

哈米德·布希基（Hamid Bouchikhi）
约翰·R·金伯利（John R. Kimberly） 著

孙颖 译

中国人民大学出版社
·北京·

奈玛，我期待着我们下次能一起合作写书。

——哈米德

献给巴比，一个长期工作在 CNIT，却从来不求回报的人。

——约翰

译者序

公司的灵魂
The Soul of the Corporation

你正在为找不到自己公司业绩不佳的原因而苦恼吗？你正在为自己的行为与公司的理念不一致而困惑吗？如果你从目前的状况中找不到答案，那么就来读一下哈米德·布希基教授和约翰·R·金伯利教授的新著《公司的灵魂》吧，或许你可以从中获得解决问题的新视角。

哈米德·布希基和约翰·金伯利是欧洲工商管理学院和欧洲ESSEC商学院的著名教授，也是公司治理专家。他们目前的研究领域主要是关于公司的人性化问题，而这本书正是他们主要观点的体现。在书中，作者第一次提出了"身份特征维度"（I∗Dimension）的概念，认为公司在运营过程中实际上是有自己的身份特征的，而不能仅仅将公司看做可买卖的商品。

当前我们所处的是一个身份特征时代，无论是个人层面还是社会层面，身份特征问题无处不在。而在商业领域，公司的身份特征问题也日益显现出来。公司的领导者正面临着公司身份特征问题的挑战。如何面对公司的身份特征问题？如何有效地解决公司的身份特征问题？当进行并购、剥离或联盟时应该如何处理不同公司的身份特征问题？公司身份特征问题对公司的发展有利还是有害？如何评价自己的公司身份特征？作者在本书中对这些问题——做了回答。

本书主要有以下几个特点：

首先，观点新颖，视角独特。本书打破了将公司看做商品的传统观点，认为公司像人一样，也有自己的身份特征和特点，公司之间是存在"心理边界"的。因而在处理公司的一些问题时，不仅需要考虑经营战略和文化融合，还需要考虑更深层次的身份特征问题，也就是作者所说的身份特征维度。现有的很多文献都对全世界一些著名企业的案例做了分析，比如丰田、IBM、惠普等，认为它们的成功主要取决于自身的战略决策或公司文化的成功。而本书的作者从更深层次指出，公司身份特征问题实际上是影响公司发展的重要原因，战略决策等问题则是身份特征问题的外在表现，如果战略决策与公司身份特征相悖，即使再好的战略也仍然会导致公司失败。这也是有些战略适合一些企业发展，而对另一些企业来说却是发展障碍的重要原因。

其次，案例丰富，突出对比。作者在书中所列举的都是当今社会中家喻户晓的典型企业案例，比如惠普、IBM、丰田、威望迪等，这些企业或成功或失败，究其根本原因则是公司身份特征与公司战略之间是否吻和。作者在列举案例的同时重点强调了公司的领导人对公司运作的影响，同时还注意案例之间的对比。比如，作者在第4章中列举了几位没能管理好身份特征维度而遭遇失败的高级管理人员，而在第9章中又提到了几位在身份特征维度管理中表现突出的CEO，这可以为管理者们提供对比性的参考。

第三，逻辑严密，指导性强。作者从身份特征时代的大背景出发，提出了身份特征维度的概念，并分析了它对公司的正面和负面作用，而且重点提出了几种最容易遇到身份特征问题的情形：并购、剥离和联盟。作者针对不同情形下的身份特征管理进行了详细分析，并提出了相应的对策，同时还辅以案例分析来帮助读者理解。不仅如此，作者还在最后提出了"身份特征审计"的概念，为领导者发现公司身份特征提供了详细的指导，其中甚至包括问卷设计和培训指导等。

作为一名译者，在翻译的过程中是紧张而快乐的。紧张的是，对于这样一本观点新颖的书，生怕因为自己的能力有限，在翻译的过程中无法更好地表达作者的观点。快乐的是，虽然遇到了一些困难，但是随着翻译的进行，我逐渐深入地了解了作者的思想，也开阔了自己的视野，训练了自己的思维方式，这种"干中学"的快乐是无以言表的。

最后，对在翻译中帮助过我的老师和朋友表示由衷的感谢，没有你们的帮助我是无法坚持完成这本书的翻译工作的。当然，一个人的能力毕竟是有限的，译文难免存在不足之处，希望读者在阅读中能够给予批评指正。

致　谢

本书的观点早在很多年前就已经形成了，但这里要特别指出的是，这本书是在与很多同事、商业领袖、学生和许多组织，其中包括公司、医院、大学以及教堂等的合作中形成的。

由巴黎管理学院（Paris School of Management）的 Michel Berry 和 Jean-Marc Oury 发起的讨论激起了我们关于身份特征在商业生活中的作用的最初思考。我们在帕克市的同事——美国杨百翰大学（Brigham Yong University）的 David Whetten 和 Sundance 办的三个工作室使我们最初的想法更加具体化，并且拓展了我们对在管理研究中如何看待身份特征的作用和挑战的认识。

与 Rob Cautilli、Bertrand Collomb、William Kriegel、John Paul MacDuffie、Lisa Reyerson、Jacques Ribourel 和 Thérése Rieul 之间的谈话，使我们重新定义身份特征，将身份特征作为一个多面体，可以有效地应用于公司的多个方面。

本书的整个思想和框架主要来自我们掌握的关于一些公司的第一手资料，包括 AFAT 旅行销售网、加号频道公司（Canal＋）、强生集团（Johnson & Johnson）、拉法基集团（Lafarge）、皇家飞利浦电子公司（Philips Royal Electronics）、法国赛峰集团（Safran Group）、SSL 国际公司、美联银行（Wachovia）和丰田公司等。

麻省理工大学《斯隆管理评论》（*Sloan Management Review*）的编辑 Bergonzi 和培生教育集团（Person Education）的 Tim Moore，以及我们的同事——沃顿商学院的 Jerry Wind 促使我们清晰地阐述了观点，并把身份特征问题带到了学术舞台上，表现出管理者是如何从管理好所谓的身份特征中受益匪浅的。

在我们在沃顿商学院、欧洲工商管理学院和 ESSEC 商学院所教授的 MBA

课程中，学生们一直与我们一起探寻公司本质，他们有第一手的资料，并在不同的高管培训项目中承担了大多数的文字工作，这些项目验证了我们的思想并使之更加精练。十分感谢他们为身份特征维度的成型所付出的劳动。

最后，培生教育集团的 Martha Cooley、Amy Neidlinger、Russ Hall、Lori Lyons 为我们提供了许多帮助和有益的反馈，并将书稿付诸出版。

我们对文中观点负全部责任，但是仍然由衷地感谢为本书最终出版付出努力的所有个人和组织。我们期待着您的反馈，也会继续去发现身份特征在改进公司业绩上的作用。

目 录

引　言　身份特征时代的领导力挑战 / 001
- 全球化 / 002
- 并购 / 003
- 剥离 / 004
- 破坏性创新 / 005
- 撤销管制 / 006
- 战略联盟、组织网络及无边界组织 / 008
- 组织的社会性 / 009
- 公司声誉与责任感 / 011
- 在工作场所中改变社会身份特征的时代已经来临 / 013
- 自我意识与消费者授权 / 014
- 品牌渗透 / 016

第1章　身份特征维度 / 021
- 身份特征维度 / 023
- 公司身份特征界定 / 024
- 身份特征中矛盾关系的协调 / 032

第2章　身份特征维度的正面效应 / 035
- 身份特征清晰一致且有价值的内部好处 / 036
- 身份特征清晰一致且有价值的外部好处 / 038

第3章 身份特征维度的负面效应 >>> / 041

- 自恋 / 042
- 身份特征冲突 / 043
- 漂移 / 046
- 分裂 / 048

第4章 身份特征维度管理的失败者 >>> / 053

- 卡莉·菲奥莉娜 / 054
- 让-马里耶·梅西尔 / 057
- 托马斯·米德尔霍夫 / 062
- 菲利浦·帕塞尔 / 064

第5章 融合还是不融合：并购中的身份特征整合 >>> / 071

- 当调味品变质的时候：以戴姆勒—克莱斯勒为例 / 071
- 应该遵循什么途径呢 / 074
- 殖民型整合 / 075
- 同盟型整合 / 076
- 联邦型整合 / 079
- 共生型整合 / 080
- 正确看待四种模型 / 081

第6章 绳子应该被砍断吗：公司剥离的身份特征管理 >>> / 085

- 剥离中的身份特征维度 / 086
- 藕断丝连型 / 086
- 彻底分离型 / 088
- 自相矛盾型 / 092
- 为什么要剥离 / 094
- 剥离中的身份特征维度管理 / 097

第7章 战略联盟和合资企业中的身份特征问题 / 099

- 身份特征问题怎么会将战略联盟推向危险境地 / 101
- 战略联盟中身份特征问题的解决框架 / 108
- 身份特征管理的内涵 / 113

第8章 公司和品牌层面的身份特征维度管理 / 117

- 将品牌形象与公司身份特征绑定会损害公司的经济利益 / 118
- 品牌形象应该在多大程度上依赖公司身份特征?反之又如何呢 / 120
- 评估品牌形象与公司身份特征之间的关系 / 123
- 由单一品牌向品牌组合转变时的身份特征管理 / 125
- 并购后的公司身份特征和品牌形象管理 / 127

第9章 身份特征维度管理大师 / 131

- 史蒂夫·乔布斯 / 132
- 彼得·桑德斯 / 135
- 路易斯·郭士纳 / 139
- 卡洛斯·戈恩 / 142

第10章 诊断你自己公司的身份特征 / 147

- 谁需要身份特征审计 / 147
- 发现身份特征的一般途径 / 149
- 几个身份特征审计的例子 / 154
- 身份特征审计指南 / 156

第 11 章　引领身份特征时代 >>> / 161

- 强化身份特征维度 / 163
- 在个人和公司层面处理身份特征和认同感 / 165
- 当必须要改变身份特征维度时 / 165
- 身份特征维度的渐进式变革 / 168
- 身份特征维度的革命式变革 / 169
- 身份特征维度渐进式变革和革命式变革的优缺点 / 171
- 身份特征变革的推动力 / 172
- 成功身份特征变革的共同因素 / 173

结　语 >>> / 175

引 言　身份特征时代的领导力挑战

The Soul of the Corporation

欢迎来到身份特征时代。我们正经历着一场全球范围的变革。这场变革之前，所有的个人和组织机构[1]对其身份特征一直都有明确、清楚的认识，他们知道自己是谁，也知道别人如何看待自己。而现在，对于个人[2]、国家甚至整个现代社会[3]来说，"身份特征"一词开始变得越来越让人难以理解了。这也是本书要讨论的中心议题。

对于社会各个阶层，尤其是商业中的领导者来说，这场变革的意义是十分深远的。从某种程度上说，尽管在宗教、教育或其他人类服务组织中的身份特征问题和身份特征危机具有潜在的一致性，但人们并没有对此感到非常意外，毕竟这些组织具有很强的使命感，人们可能会认为它们在面对日益加剧的变化时是相当脆弱的。相反，人们可能认为企业因为具有很强的经济取向，而且关注的是利润问题，因此，它们将会或多或少地对身份特征问题有一定的应对能力。但事实并非如此，而且有证据表明，在身份特征时代，所有的企业都面临着身份特征问题。它们没有完全理解身份特征问题的关键所在，并时常因为不知如何处理身份特征问题而苦恼不已。

本书的目的就是使人们重视身份特征在商业中的重要性，并且提供一些方法，这些方法有助于提高你在处理企业身份特征问题时的领导能力。首先，我们着重分析了十种趋势，这十种趋势囊括了 20 世纪末的主要特征。这些趋势还形成了一种环境，在这种环境下所有类型的组织机构——企业、教堂、大学以及医院等都不得不面临这样的问题：它们是谁？它们想成为谁？它们能够成为谁？你能够在身份特征时代做一位优秀的领导人吗？你了解你们公司所面临的身份特征问题吗？要回答这些问题，就让我们先从全球化的挑战谈起吧。

全球化

　　大多数企业，尤其是一些中小企业都面临着环境的改变。它们以往都局限于或被保护在国内市场当中，而现在它们的商品、服务和资本流动超出了国界。这一环境的变化为它们提供了新的机遇，同时也带来了新的挑战。全球化使公司能更自由地进入新的市场领域，但也引发了一些新问题，比如：它们究竟是谁？

　　麦当劳在美国之外的扩张，就是一个伴随着全球化而产生的商业机遇和身份特征挑战的绝佳例子。麦当劳在法国经营着最大的快餐连锁店，它有一个由法国人组成的领导团队，连锁店归法国的总经销商所有，所有原料供应几乎全部来自法国，并且员工也都是法国人。麦当劳（法国）公司比起那些生产和服务都来自法国之外的公司要更法国化，然而却被法国人以及法国媒体认为是一个销售"垃圾食品"的美国公司，甚至认为它对法国人的生活方式构成了威胁。

　　为了应对欧洲 1999 年对美国用激素催长的牛肉的进口禁令，美国政府提高了对欧洲很多商品的进口关税，如羊乳干酪和肥鹅肝酱等。[4]由于麦当劳的身份特征与美国有着密切的联系，因此之后不久，它就被由若泽·博韦（José Bové）领导的法国农民联盟（French Farmers Confederation）当做一个发泄愤怒的靶子，遭到了他们的抵制。

　　为了改变法国公众对公司的认识，麦当劳（法国）公司的管理者向市场投放了大量的广告，用以强调他们 80% 的采购进货都来自法国和欧洲，他们的采购惠及了成千上万的法国农民。[5]尽管作出了这些努力，但是公司的身份特征仍然是一家美国公司。麦当劳（法国）公司管理者正试图解决一个无法解决的难题，即向法国公众解释，尽管麦当劳的商标是美国的，但麦当劳（法国）公司却是法国的。

在全球扩张过程中，面临挑战的并不只有麦当劳一家。中国公司在进入西方市场时也遭遇了政治和心理上的阻碍。最近大量的事例都表明，身份特征问题对企业而言有时是一种负累。联想在收购了 IBM 的个人电脑业务之后的五年里[6]，继续使用 IBM 的商标制造和销售电脑。但是当联想取得了为美国政府供应电脑的合同时，却引起了美国社会强烈的争论。对此事持批评态度的人主要有这样一种担心，即中国的设备会威胁美国的国家数据安全。而作为世界第二大电视机制造商的 TCL 却成功地摆脱了"中国身份特征"的负累。TCL 选择通过西方著名的商标向中国以外的消费者销售电子产品。这些商标所属的企业都是 TCL 完全控股或部分控股的企业，比如施耐德（RCA）、汤姆逊（Thomson）和阿尔卡特（Alcatel）等公司。尽管全球性的媒体都在显著位置刊登了中国海洋石油总公司（简称中海油）收购美国能源集团伏尼科（Uncoal）的消息，但是中海油集团仍然由于其中国国有企业的身份特征而被挡在了门外。就在雪佛龙（Chevron）成功收购了伏尼科几天之后，《金融时报》（*Financial Times*）采访了中海油的总裁傅成玉[7]，他表示他的公司无法改变由中国政府持有一半股份的企业身份特征。

并购

在 20 世纪的最后 25 年里，公司之间出现了如火如荼的并购现象。这反映出这样一种观点，即无论何时，只要这样做是对股东利益负责的，公司就像商品一样能够也必须被买卖或者合并。然而并购失败的比例一直以来都很高。正如许多经验研究文献所说，这已经引发了对将公司作为商品（firm-as-commodity）的理论的质疑。

尽管文化差异总被认为是导致并购失败的主要因素，但很少有人注意到公司身份特征实际上对其有着更重要的影响。文化和身份特征并不是同一个概念。比如说，文化背景基本一致的两个公司合并了。这两个公司的管理者和雇员在顾客导向、技术创新、企业家精神、为股东创造价值以及内部协作等方面都是一致的。从文化层面来看，合并后的公司整体应该是运行平稳的。但从更深层次上看，我们会发现，实际上他们各自认为自己的公司具有唯一性。这种各自为政的意识使他们将自己的公司实际上看成是与另一个公司完全不同的个体。在以后的几年中，这种观点可能会由于他们之间竞争的加剧而得以强化。每个公司都会通过自己的历史来定义自己的身份特征，使之至少与别的公司有些许不同。

很明显，每个公司的身份特征就是它区别于其他公司的重要标志。因此，尽管公司在文化层面上表现出近似的价值观，但是要对它们进行合并却是一件令人头疼的事情。文化层面的融合可能会掩饰企业身份特征在更深层次上的差异。要想完成一个成功的并购，管理者必须找到一种方法，使企业自身的身份特征独立于其他许多企业的身份特征。当企业内部和外部的人员都忘记了各自原来公司的身份特征时，他们就接受了企业身份特征的融合，并且开始意识到他们是作为一个整体被合并的。我们将在第5章中详细地分析应对身份特征融合挑战的解决办法。

剥离

同样的股东价值创造逻辑刺激了并购活动并使其加剧，但这远远落后于剥离公司数量的快速增长。然而剥离并没有比并购显得更成功。2002年，博思艾伦咨询公司（Booz Allen & Hamilton）对20世纪90年代按标准普尔500指数计算市值的232家剥离企业做的研究显示[8]：74%的公司的股票业绩不佳。研究者认为剥离有这么高的失败率，主要原因在于剥离战略和财务管理的失误。但是，最近的研究表明，剥离企业表现不佳，不仅仅是由于剥离战略和财务管理的失误，事实上身份特征问题也是重要原因，企业的身份特征问题要求管理者能对企业进行积极的管理。[9]虽然一些剥离的企业已经遭遇失败[10]，但其他被剥离的企业仍然可能因为没有建立一个可行的、独立于母公司的身份特征而失败。福特汽车的伟世通（Visteon）和通用汽车的德尔福（Delphi）就是典型的被剥离公司没有建立好自己身份特征的例子，它们与母公司继续保持着密切的联系，并和母公司命运相连。另一方面，英飞凌（Infineon，前身是西门子的子公司）和飞思卡尔（Freescale，前身是摩托罗拉的子公司）在一开始就很明确地与它们的母公司分离，并且成功地建立了自己独立的企业身份特征和组织机构。在第6章中，我们将会分析在剥离过程中如何把握身份特征尺度、管理者如何帮助一个被剥离公司建立自己的身份特征等问题。

破坏性创新

20世纪是在一些行业，比如钢铁业、电脑业、通信业、金融服务业、零售业、保健业、照相机业等的技术和营销的大变革之中结束的。在这些行业中，那些依靠传统技术或商业模式发展起来的企业都突然受到了新进入者的冲击。这些新进入者有不同的世界观、目标、战略以及经营原则。在传统的战略管理逻辑中，所有的参与者都被假定有相同的战略选择权，并且区分胜败的关键就在于能否有效地完成自己的战略。但是这种逻辑忽略了一个显著的因素，那就是公司身份特征影响着公司所要考虑和执行的战略方针。

比如在钢铁行业中，全球大型的综合钢铁公司几乎运用了所有可行的战略来安排生产经营，如公司合并、降低产能、退出低利润的细分市场以及流程创新等，然而它们却无法应对一种新的钢铁制造商——小型炼钢厂。这些小型炼钢厂的厂房通常很小，成本很低，因此它们能够以低得多的成本提供产品。当前，对于一体化的大型钢铁企业而言，要想在与小钢铁厂的竞争中取得成功，它们就得变成小钢铁厂，否则只能退出钢铁市场。此外，它们将不得不从根本上改变它们究竟是谁的身份特征。但由于改变身份特征比调整战略要难得多，因此有的综合钢铁生产商要么破产［比如伯利恒钢铁公司（Bethlehem Steel）][11]，要么与其他的大型钢铁制造商联合起来降低成本以维持自己的定价权[12]，要么从根本上重组自己［比如德国钢铁公司（German Steel）转变成了一个休闲旅游公司 TUI］。钢铁行业发生的一切同样也发生在了计算机行业中。在计算机行业里，生产个人电脑的制造商已经赶超了原来的大型计算机和微型计算机制造商。后者中的大多数要么已经破产，如 DEC；要么将自己重组，成为服务提供商，如 IBM 和优利系统公司（Unisys）。和钢铁行业一样，计算机行业中的身份特征问题也是决定成败的至关重要的因素。另一个例子就是照相机行业。宝丽来（Polaroid）曾经是世界即时成像相机行业的领军人物，但是由于它被深深地束缚于自己的即时成像相机生产商的身份特征中，最终走向了破产。

IBM 和 TUI 的例子表明，破坏性创新并不一定会导致公司破产。企业能否在破坏性创新中存活下来，取决于在破坏性创新发生时高层管理者的判断力。这些管理者要能使他们的公司经受住深刻而痛苦的变革，进而在新的领域取得成功。那些没能觉察到破坏力的强度，以及那些对身份特征的惯性特征缺乏了解的管理者，将会使他们的公司在未来处于十分危险的境地。

撤销管制

垄断的兴起抑制了市场竞争和技术创新，限制了消费者的选择权，降低了成本效率。近年来，全球掀起了撤销管制和私有化的浪潮，这给现有的建立在垄断或国有基础上的企业造成了很大的冲击，并使它们对自我的认识也产生了动摇。随着撤销管制和私有化的逐步实行，许多已经建立了垄断身份特征的公司发现它们很难进行有效的市场竞争。撤销管制使得新的竞争者进入市场。这些竞争者有更具优势的市场营销策略、先进的生产技术以及卓越的管理水平，它们迫使现有的公司不得不面临最基本的身份特征问题。一些行业已经受到撤销管制的有力冲击，包括电力行业、交通运输业、银行业和通信业。这些行业中已有的公司只要能够成功地适应新的竞争环境，最终都能够或快或慢地完成转型。它们起初只认为自己是一个提供公共物品的垄断供应商，而现在它们已经把自己作为市场中的一分子，开始在客户价值优先主张的基础上去迎合消费者的心理和观念了。

撤销管制给那些已经存在很长时间的垄断企业带来了很大的威胁。美国电报电话公司（AT&T）和法国电力集团（EDF）就是很好的例子。1996年美国撤销管制法案实施，在此后的十年中，AT&T公司经历了几次比较痛苦的战略选择和经营运作方面的改变，并且对公司身份特征进行了重新定义。尽管在罗伯特·艾伦（Robert Allen，1988—1997年任AT&T的董事会主席兼首席执行官）的任期内，AT&T在经历了反复的缩减规模、重组以及多次投资、撤资和剥离之后似乎看到了希望，但它并没有获得新生。1997年，迈克尔·阿姆斯特朗（Michael Armstrong）虽然在广泛支持下接替了四面楚歌的罗伯特·艾伦，但是他并没有成功地为AT&T创建一个可行的身份特征。在兼并了网络业务后的两年里，AT&T公司的股票上升到了一个令人难以置信的高度。此后迈克尔·阿姆斯特朗亲眼目睹了AT&T的股票大幅下跌的过程（见图1）。这个下跌的趋势一直持续到他的继任者戴维·多尔曼（David Dorman）于2002年开始接管该公司。具有讽刺意味的是，AT&T最终被西南贝尔公司（SBC）吞并，而西南贝尔正是由于电信法案的实施而被迫与母公司AT&T分离的小贝尔公司（Baby Bell）中的一员。

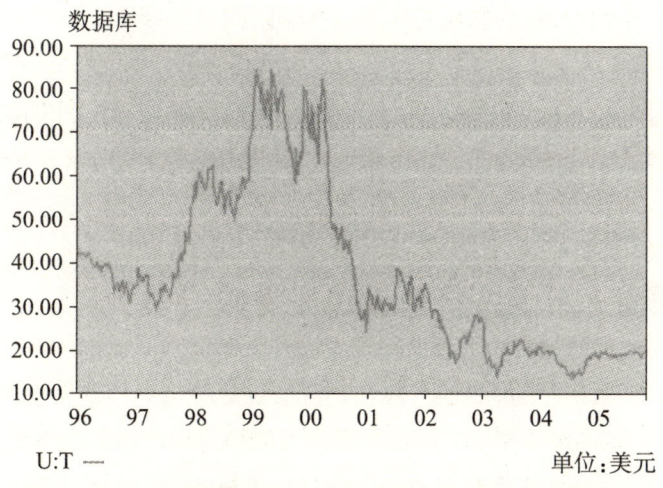

图1 联邦放松管制法案公布后AT&T公司股票价格走势

数据来源：Datastream.

另一个关于撤销管制的例子就是法国的电力垄断商——法国电力集团（EDF）。欧盟撤销了对产电、输电、配电业务的管制，并且要求法国对外开放其国内的电力市场，将 EDF 私有化。但是将 EDF 从垄断者转变为自由市场的参与者的做法引发了由法国工会和左翼政党发动的多次罢工和抗议。尽管 2005 年由多米尼克·德维尔潘（Dominique de Villepin）领导的政府允许 EDF 的一部分股票在巴黎股票市场进行流通，但是 2004 年通过的法律并不允许政府拥有的股份少于 70%，并要求政府拥有 EDF 的投票表决权。这样做的结果便使得 EDF 既不是私人公司也不是公共部门。也就是说，EDF 的公司身份特征变得模糊不清，这使得法国很容易受到欧盟其他国家的批评。主要原因有以下几点：

● 先前法国的垄断公司在国外被看成是一个自由市场的参与者，因为它已经进行了许多投资并获得了相应的收益。[13]这也得益于它很容易获得政府的援助和政府担保的贷款。

● 同时电力运输和分配在法国国内仍然是垄断的，这给法国之外的竞争者进入法国的国内市场造成了很大困难。

● 从法国法律的角度看，让一个国外的投资者在 EDF 中占有一席之地几乎是不可能的。

EDF 至今仍然在为摆脱它作为公共部门的公司身份特征而不懈努力，并且也在试图建立一个自由市场参与者的身份特征。而与 EDF 不同的是，欧洲一些其他公司已经成功转型，并成为全球高度竞争性行业中的领军人物，比如英国电信(BT，前身是 British Telecom)和法国航空公司(Air France)。

战略联盟、组织网络及无边界组织

许多行业的改革都是使一体化、自给自足的组织形式转变为界限模糊、彼此依赖的组织网络。这也使得公司的身份特征问题变得尤为突出。拿一个典型的生物技术公司来说，它从合作伙伴——一些大型的制药公司那里获取收入。这些制药公司都要求它们的生产项目和生产团队之间建有严格的防火墙，从而保护它们的投入不受损失。在汽车行业和电子行业中，由于零库存和准时生产制等精益制造理念的应用，已经促使供应商在客户比较集中的地区建立了专责单位和机构。信息技术服务行业也发生着类似的变革，这些领域的外包服务意味着服务供应商要在客户所在地建立专门的、长期的服务机构，使之和自己的管理组织结构相匹配。

人们在这些新的、无边界的组织背景下工作，常常弄不清楚真正的雇主是谁，他们应对哪个公司忠诚。当公司的竞争优势主要取决于员工的知识、技能和责任意识时，公司的领导者就必须使得员工对谁是他们的雇主坚信不疑。而公司面临的主要挑战也正在于此。尽管它们为了与各种各样的合作者保持紧密的合作关系而不得不开放它们的战略、运营和物理边界，但是公司的管理者必须建立一个显著的心理边界，并创建独特的公司身份特征。这个公司身份特征可以使员工不管跟谁一起工作、在哪里工作，都可以将自己和公司视为一体，对公司保持忠诚。网络的这种自相矛盾的需求被看成是虚拟组织中的一个极端例子。一个公司越是虚拟化，越需要建立一个心理边界。当员工在不同的地区和时区工作时，这种心理边界可以在他们当中建立和保持一种归属感和亲密关系。

在第7章中将进一步阐述战略联盟背景下的公司身份特征问题，比如战略联盟是否需要建立一个独立的公司组织等。

组织的社会性 ▶▶▶

身份特征时代的特点就是组织形式在社会各个层面的日益普及。[14]从出生到死亡，组织形式在我们的生活中无处不在。在传统社会中，一个人独特身份特征的形成受到其所处的社会环境（家庭、出生地、种族、宗教）的影响。在一个有组织的社会里，个人身份特征受到他们所参与的组织的影响。因此，公司也不再仅仅是一个工作的场所，而是一个具有社交活动和情感的实体。公司可能在无意当中已经成为个人和集体组织身份特征的提供者。这种变革给管理带来了新要求和新责任。公司员工以及一些股东通常会通过归属于某一个公司或购买该公司的股票来表现他们的自我意识，此时他们往往对公司的一些变化表示担心和抵制。在他们看来，这些变化可能会改变一个公司的本质。

米尔顿·好时信托公司（Milton Hershey School Trust）的董事们并没有意识到公司身份特征的重要性，因而2002年夏天当他们提议出售好时公司［Hershey Company，前身是好时食品公司（Hershey Foods and Co.）］的担保资产时，他们对反对者的强烈反应感到很吃惊，并且不知所措。米尔顿·好时信托公司拥有好时公司流通在外的普通股的31.4%以及76%的投票权[15]，它打算使好时公司的资产多元化。当时，分析师预期潜在的购买者，比如雀巢公司、卡夫食品公司（Kraft Foods）和吉百利·史威士公司（Cadbury Schweppes）之间的竞争将会使好时食品公司的价值上涨至120亿美元。[16]

拍卖好时食品公司的决策引起了反对者一系列的连锁反应，这大大出乎了公司董事们的意料。反对出售好时食品公司的力量来自很多方面，包括公司员工、城市居民、前任董事、米尔顿·好时学校（Milton Hershey School）的知名校友、法官、宾夕法尼亚州的总检察长以及该州的立法者。所有人都担心，一旦将好时食品公司出售给它的主要竞争对手，不仅会使公司的3 000个职位受到威胁，而且还将违背米尔顿·好时的遗愿，因为他将自己的毕生精力都献给了促进食品业发展这一事业。双方在法庭和媒体上的激烈争论持续了两个月之久，最后董事们勉强承认了自己的失败，并且宣布好时食品公司的担保资产将不会被出售。你可以从下面的引文中体会到人们对出售好时食品公司的深切感受。这段引文来自《财富》(Fortune)杂志，作者是约翰·赫利亚尔（John Helyar）[17]：

昨天晚上，抗议活动的领导人布鲁斯·麦金尼（Bruce McKinney）在家得到了关于取消出售好时食品公司的消息。得到消息后，他马上走出家门并敲响钟声，叫醒他的邻居们，向他们传达这个好消息。所有的人都走了出来，他们在街道上"反对出售"的标志前跳舞、喝酒，进行庆祝。第二天早晨，在巧克力城广场上，市民好像庆祝第二次世界大战对日战争胜利纪念日一样大声欢呼，司机们也不断地按着喇叭，以此来表达自己的喜悦。

可以看出，这个小城的人们不仅仅保住了3 000个工作岗位，更重要的是表明了他们对公司的忠诚。在大多数公司都倾向于生产用锡纸包裹的糖块的时代，好时是当今美国仅存的几个不随波逐流的公司化城镇之一。但是好时的特别之处却远不止这些。它是一个独一无二的地方，在那里公司、社会和慈善机构紧密地结合在一起，它们共同经受住了长达一个多世纪的社会考验。

由出售公司的提议而引发的争论反映出人们在定义好时食品公司身份特征时的意见分歧。对于公司董事们而言，好时食品公司只是一个像其他商品一样能被买卖的企业。他们没有把这家企业看成是好时信托公司的慈善义务。相反，公司员工、城市居民以及米尔顿·好时学校的校友们却不仅仅将好时食品公司看成是一个企业，他们更强调它是由米尔顿·好时发起的"社会实验"的核心代表，并且是巧克力产业兴起的社会身份特征代表。

尽管理性的分析师会对好时食品公司拒绝了雀巢公司的高价购买表示惊讶，但看重公司身份特征和社会性的人们却有另一种看法。对他们来说，好时食品公司在他们的生活中占据着重要位置，因此即使它是一个商品也不能被随意买卖。

为了避免好时董事们所面临的复杂问题，公司的领导者必须知道，当他们要主动对公司进行改变时，这会不会改变公司的利益相关者对公司本质的认识。如果领导者能够意识到这种本质的改变，那他们一定会有所准备的，他们能够处理好将会产生的心理和感情上的问题，这些问题在本质和内涵上与机械地计算价值创造是不一样的。

公司声誉与责任感

在一个社会中，当由谁来制造商品变得与商品本身的内在属性同等重要，甚至比商品本身更重要时，公司的领导者就必须确保公司对自身的看法与外界社会对它的看法是一致的。如果这两者之间存在矛盾，那么将会不可避免地引发一些问题。

公司的自我定位和外界对它的看法之间没有协调好会导致不良的影响，其中典型的例子就是德国的化工公司德固赛（Degussa）。这个事例引起了广泛的宣传和争论。德固赛公司在柏林的欧洲被屠杀犹太人纪念碑（Holocaust Memorial）的建设中受到了牵连。

The Soul of the Corporation
公司的灵魂
如何管理你公司的身份特征

一部电视纪录片披露德固赛曾是一个叫德格施（Degesch）的公司[18]，这个公司曾经向纳粹集中营提供齐克隆-B毒气。欧洲被屠杀犹太人纪念碑的施工监督委员会投票反对用由德固赛制造的反涂鸦涂料来粉刷上千块混凝土板，因为这些混凝土板是用于建设受害人纪念碑的。[19]在施工监督委员会的董事们以22∶1的票数通过该决议后的几周内，董事们和广大公众发起了对此事的激烈讨论。2003年的德固赛公司和60年前制造有毒气体的公司竟是同一家公司。

董事们的决定引起了多方的批评。德国《每日镜报》（Tagesspiegel）报道，前以色列驻德国大使阿维·普里莫（Avi Primor）认为拒绝让德固赛参与纪念碑建设的理由是不合理的，并且他还补充说："今天的德固赛与纳粹时期的德固赛没有任何联系。"[20]一个有着犹太血统的美国建筑师彼德·艾森曼（Peter Eisenman）的言辞相比之下少了一分老练，他批评这个决定只是一种"政治上的正确性"，并且说："今天的德国人不必为父辈们的行为继续承担责任。"[21]在全国公共广播电台（National Public Radio，NPR）的一次采访中[22]，他还补充道："我认为（董事们的决定）会使我们局限于历史，如果我认为这是个问题，我不会首先来探讨这个提议。"

德固赛公司的高层管理者应该如何应对诸如此类的具有伤害性的批评呢？他们是被激怒，还是会早就预料到问题所在呢？对于毫无根据地将德固赛与纳粹背景相提并论的决议，他们应该为自己辩解，还是默默地接受呢？如果拒绝接受将公司和纳粹相提并论，那可能会使公众再给公司增加一条不承认历史的罪名。另一方面，如果接受这种看法，将会使公司员工和其他股东心里不舒服，并且会损害他们对公司的认同感。德固赛公司在施工监督委员会的董事们作出决议后的第二天提出了声明，表示公司的领导层必须澄清一些事实[23]：

德固赛清楚其公司前身的过去。德固赛董事长乌兹-赫尔穆特·费尔希特（Utz-Hellmuth Felcht）教授表示："目前，积极地完成工作并诚实地面对公司的历史是我们的中心任务……此外，德固赛一直要求自己的员工树立'纪念、责任和未来'的意识……今天的德固赛集团在全世界雇用着48 000名员工，他们具有各种宗教信仰，其中也有很多信仰犹太教的员工。假定这些员工了解历史并且也知道新的（我们着重强调这点）德固赛正在积极地应对这件事情，并诚实地面对历史，那么向他们解释为什么会遭遇这次事件不是一件很容易的事情。"

这份声明，表明公司的领导者已经意识到在应对充满高度感情色彩的批评时，作出理性的、分析透彻的应对是不适合的。公司的董事长并没有试图用理性的思想来为旧德固赛和新德固赛之间的关系进行辩解。但是，他与那些因为公司被牵连进纪念碑事件而被激怒的人进行积极沟通，并且还试图通过强调"新的"、无辜的德固赛身份特征来使员工们安心。

世界著名的香烟制造商菲利普·莫里斯公司（Philip Morris）改名为奥驰亚（Altria），以示自己不同于以前，但这在我们看来是无效的做法。社会责任感和声誉应在公司的生命中占据核心地位，而公司也应该在这样的前提下处理自己的身份特征问题。作为一个几乎遍及全球的烟草制造商，菲利普·莫里斯公司的管理层试图通过一个新的名字来减少公司的负面报道。这种伎俩只能为公司争取一些时间，它的影响不会持续太久。因为公司仍然从事的是香烟制造，而且香烟为它获取了高额利润。奥驰亚仍将被公司内部和外部的人看成是香烟公司，并且也将继续为它的行为后果承担责任。要改变公众对它的看法并且减少批评，奥驰亚必须进行真正的身份特征变革，要么完全退出烟草行业，要么至少创造出一种完全不同的、能减少争议的制造和销售香烟的途径。[24]

在工作场所中改变社会

身份特征的时代已经来临

在工业时代，工人们各自集中于一些职业类别并接受管理。他们往往通过工会组织与管理层进行集体谈判。同一个职业类别中的个人享有相同的权利，承担相同的义务。

麻省理工大学的迈克尔·皮奥里（Michael Piore）和他的同事——芝加哥大学的肖恩·萨福德（Sean Safford），最近在《劳资关系》（Industrial Relations）杂志公开发表了一篇论文，他们在论文中对这个在过去几十年里衰退了的集体谈判模式进行了精彩的解释[25]：

在罗斯福新政时代的集体谈判中,广泛存在着一个观点,即将工人们最终看成是一体的,并以韦伯对理性经济王国和非理性社会王国的区分为假定前提……在当今社会,不考虑一个人的社会背景就对他的职业进行设想是不可能的。这些社会背景包括生活中的各个方面,比如父子关系、健康以及与一个人的种族、宗教信仰或性别相联系的社会歧视……在这样的背景下,对于选择不同的工作中心,不同的社会身份将成为一种现成的选择依据。因此,对于工作身份如何转变,不同的社会身份也成为一个衡量的坐标。

皮奥里和萨福德的这段引言中涵盖了这样一个趋势,即面对新挑战,管理层和工会组织必须承担起相应的责任。经济领域和社会领域的互相渗透将多样化的社会身份带到了工作场所当中。这些社会身份对管理层提出了新的要求,要求他们对这些身份特征问题进行识别和作出针对性的处理,并且对基于职业类别建立的工会提出了挑战。在身份特征时代,企业领导者需要留意他们所负责的公司的身份特征问题,并对之加以管理。同时,他们的压力也在日益增加,因为他们必须承认那些被带进工作场所中的多样化社会身份问题,并加以应对,而且还要设法使外界对自己的公司产生认同感。

自我意识与消费者授权

在工作场所中彰显的多种身份特征与消费者中日益增长的自我意识是相辅相成的。对于消费者来说,为了要表达、维护和巩固个人和社会的身份特征,他们购买和消费决策的偶然性变得更大了。即使基于身份特征的消费所占比例仍然很低,但是由于它正在不断增长,最终将不可避免地对商品和服务的主流供应商提出挑战,这使得它们重视消费者的身份特征。下列几种情况很好地反映了这一点:

- 为了适应他们的自身身份特征而进行明确设计的商品和服务的实用性;
- 相关竞争产品及其供应商实时信息的有效性;

● 与相关团体的成员及时沟通的机会的可获得性。

为了有效应对这一趋势，管理者必须掌握"身份特征营销"。[26]比如，麦加可乐（Mecca Cola）的快速成长给可口可乐公司和百事可乐公司带来了挑战。麦加可乐是由一个突尼斯律师于 2002 年在法国推出的一种苏打饮料。创始人希望为法国穆斯林提供除了可口可乐和百事可乐之外的另一种选择，同时保证将利润的 10％捐给巴勒斯坦的慈善机构，另外 10％捐给欧洲的慈善机构。

只要这种新的苏打饮料没有被法国主流的零售渠道所接受，只能在民族商店里才能买到，那么作为市场领头羊的可口可乐公司和百事可乐公司就不必为此担心，因为虽然它被赋予了突出的身份特征，但只是在一个比较小的客户群中流行。然而当麦加可乐在世界范围内迅速扩张后，现有的竞争者们就不能再忽视它了。麦加可乐公司最近将总部改设在了位于中东的迪拜，同时正在建设一个大型工厂。公司现在向 64 个国家销售各种软饮料，2005 年在全世界共售出了 10 亿公升的饮料。[27]该公司的创始人曾自夸麦加可乐已经成为继可口可乐和百事可乐之后的世界第三大饮料品牌。[28]

麦加可乐的成功以及其他饮料品牌的不断发展已经迫使可口可乐公司和百事可乐公司重新审视它们在阿拉伯和伊斯兰国家的营销和广告战略。《金融时报》（Financial Times）曾刊登过一篇关于前可口可乐董事长兼首席执行官道格拉斯·达夫特（Douglas Daft）的文章[29]：

达夫特先生也在有意识地淡化可口可乐的美国品牌的身份特征。可口可乐品牌已经成为穆斯林攻击美帝国主义的靶子。一些私人的可乐品牌，包括麦加可乐在内，已经在一些地区迅速发展，并给可口可乐的经营带来了威胁。现在，可口可乐公司已经在它的销售和营销团队中提出了"本土化思考，本土化行动"的理念。与依靠亚特兰大总部创建广告主题相比，可口可乐的当地办事处制作的商业广告要更胜一筹，因为它们更适合当地居民的品味和情感。

据说，除了制作适合当地的商业广告之外，可口可乐公司还通过定价权、信贷手段以及它足够大的销量和规模经济效应等方式来对麦加可乐进行反击。仅仅做到这些就足够了吗？从长期来看，答案将取决于这个新的竞争者能在多大程度上和多长时间内利用阿拉伯和伊斯兰国家的自我意识，通过强调自己与阿拉伯—伊斯兰民族的产品具有种族一致性，将消费者从已有的品牌手中争取过来。

我们的观点是在面对基于身份特征的竞争威胁时，可口可乐和百事可乐以及其他的主流企业必须学会如何与这些新的对手相竞争。针对当地受众的商业广告活动是正确行动的一个步骤，但仅有这些是不够的。要更有效地应对这种基于身份特征的竞争，主流的市场参与者必须尝试创建一个品牌，要么使其固定在同一个身份特征上，要么对可供选择的理想身份特征起作用。对于可口可乐和百事可乐来说，首要的战略意味着要与当地的商业合伙人合作建立可供比较的品牌，这个品牌将会易于获得技术、专家意见和主流的零售渠道。第二个战略意味着在阿拉伯、伊斯兰国家要基于另一种社会身份特征进行竞争。比如，该品牌将会吸引妇女或更多人，使人们认为这个品牌代表了现代化，而不是一种西方的生活方式。

品牌渗透 ▶▶▶

因为传统的证明和标签正在丧失其定义个人、组织甚至一个国家的有效性，所以对商标的关注成为身份特征时代的核心特色。在商业活动中，对有效品牌的需求主要表现为公司之间竞争的强化，这些公司提供的可比较的产品和服务呈日益增长的趋势。在这种环境下，在产品和服务背后形成的公司身份特征逐渐变得与产品和服务的内在属性同等重要。[30]公司品牌的快速成长使得领导者将公司身份特征作为除了差异化竞争之外的另一种竞争武器。领导者还用公司品牌对公司进行定位，使公司面对利益相关者时表现得更加令人满意，利益相关者主要包括现有的或未来的雇员、投资者、分析师、记者或激进团体等。热衷于公司品牌的商业领导者应该知道，不管怎样，公司品牌都是一把双刃剑，有时也会很容易使公司成为竞争者的攻击对象。下面的这段引文来自娜奥米·克莱恩（Naomi Klein）在《新政治家》（*The New Statesman*）中描述的关于品牌的矛盾[31]：

目前反公司激进主义的冲击可能会使人们不再热衷于对品牌的追求，但我对此表示怀疑。正如我们所看到的，品牌已经在购买者与销售者之间建立了非常明确的关系。公司还通过媒体、艺术家、城镇广场和社会学家等宣传自己的品牌，使之与消费者的关系更加亲密。但是这样的计划越成功，这个公司在应对品牌的反复变化时就会变得越脆弱。如果品牌已经与我们的文化和身份特征融为一体，那么当公司做错了的时候，所造成的负面社会影响不会像让别的公司多赚一美元那样容易消除。相反，许多认可这些品牌的人会感到他们与公司的错误是联系在一起的，好像自己也犯错了一样。但是这种联系是易变的，类似于名人和他们的粉丝，起初感情热烈，但是当事情发生转变的时候，他们之间的感情又会变淡、变浅。

如果你正打算用你的公司身份特征作为竞争优势的基础，你就必须意识到一些常见的危险和易犯的错误。

1. 确信通过打造品牌而塑造的公司身份特征是真实的。如果它不是真实的，仅仅是大量标语、口号以及言过其实的话语，那你的竞争者或者其他不友好的投资者就可能利用这些方面来攻击你。由于没有注意这条规则，2005年得克萨斯城精炼厂爆炸之后，英国石油公司（British Petroleum Company，简称BP）和它的高层管理者就遭到了猛烈的批评，因为这次爆炸造成15名工人丧生。英国石油公司的管理层在媒体中回应社会的攻击，强调英国石油公司是"绿色"的、有社会责任感的公司。下面的这段引文对此作了一些记录和说明[32]：

那天，英国石油公司的另一场战斗发生了。美国化学品安全委员会关于得克萨斯城精炼厂2005年爆炸的最终报告带来了一些令人不快的报道，而英国石油公司这个超级石油企业对自己的社会责任感一向引以为豪。评论指出，该公司的员工每个月连续工作29天，每天工作12小时，这在强调安全第一的企业里是不合适的。在此之前，这个报告中提及的许多事实已经被披露，但是英国石油公司表示强烈反对，然而15人丧生的悲剧已经给英国石油公司和整个行业敲响了警钟。

2. 在面对不同的投资者时，要确保公司品牌的一致性。对于信息的接收者来说，迎合每一条信息所面临的风险都是多方面的，有时还会使所塑造的身份特征之间产生冲突，从而造成市场中的人们对公司身份特征的混淆。

3. 不管是在公司内部还是外部，你都要认真地使自己的行为和决策与公司的身份特征协调一致。

4. 无论是将公司作为一个整体来处理其身份特征，还是在市场上将公司生产的产品或提供的服务作为单个的品牌进行销售，都要努力实现两者之间的协同配合。第8章对这个问题进行了更细致的分析，并且对实现公司身份特征与品牌形象最大限度的一致所需要的管理战略提出了相关的建议。

这篇引言重点强调了一些趋势，这些趋势构成了在身份特征时代运营的公司所面临的一系列典型挑战。这些挑战使得公司的领导者们不得不面对一些有关他们公司本质的、比较困难的问题。尽管这些趋势各自表现不同，而且有时是根本不相关的，但它们有一个共同点，即都是关于公司经营环境的改变。公司的领导者不能仅仅通过调整经营战略或运营体系来应对这一变化。要更有效地应对这些变化，领导者们就必须更深入地了解公司的身份特征问题，并且要确定它到底是一项能对这些改变发挥杠杆效应的资产（正如你将在第2章中看到的一样），还是一项必须加以关注的负债，以避免被新的竞争者取代（这将在第3章中进行讨论）。要想衡量公司身份特征在多大程度上是资产或负债，你必须首先准确地知道身份特征是什么。那么请继续往下阅读吧。

注释

[1] 虽然我们不能确定一些个人或团体的身份特征是否与人类社会存在的时间一样长，但是可以肯定的是，身份特征对个人而言一直是个问题，而且经常会迫使社会中占主导地位的少数人对集体和个人的身份特征毫不怀疑。

[2] 英国社会学家 Anthony Giddens 论述了"晚期现代性"（late modernity）中的个体身份特征问题。他的观点主要体现在1991年由斯坦福大学出版社出版的 *Modernity and Self-Identity* 一书中。Richard Sennett 在他的 *The Corrosion of Character：The Personal Consequences of Work in the New Capitalism* (1998, W. W. Norton&Company) 一书中对此也进行了详细的阐述。

[3] 21世纪对这些身份特征问题进行比较深刻的讨论主要体现在由 Samuel Huntington 写的两本书中：*The Clash of Civilizations* (1997, Simon & Schuster) 和 *Who Are We? America's Great Debate* (2004, Simon & Schuster)。

[4] *Dow Jones Business News*, August 31, 1999："French Farmers Pro-

test Against McDonald's, U. S. Trade Sanctions."

[5] *La Tribune*, August 20, 1999: "McDonald's France achète 80％ de ses produits agricoles dans l'Hexagone."

[6] *Financial Times*, November 9, 2005: "Anatomy of a Deal."

[7] *Financial Times*, November 8, 2005: "CNOOC Bloodied but Unbowed."

[8] Lucier, C., J. Dyer, and G. Adolph. 2002. "Breaking Up Is Hard to Do—and to Manage." *Strategy+Business*, 28: 1-4.

[9] Corley, K. G. and D. A. Gioia. 2004. "Identity Ambiguity and Change in the Wake of a Corporate Spin-Off." *Administrative Science Quarterly*. 49: 173-208.

[10] 这里的剥离案例主要是指那些目的在于使母公司与濒临破产的业务相脱离或者为了实现低负债的资产负债表的剥离。

[11] 伯利恒钢铁公司在2003年向国际钢铁公司（International Steel）出售工业资产，之后就破产了。

[12] 阿塞洛公司（Arcelor）与米塔尔钢铁公司（Mittal Steel）的合并是这种方式的绝佳例子。阿塞洛公司由法国北方钢铁联合公司（French Usinor）、西班牙阿塞拉里亚钢铁公司（Spanish Arceleria）和比利时的阿尔贝德钢铁公司（Belgian Arbed）合并而成。米塔尔公司是通过不断购买和兼并西欧和美国一些境况不佳的钢铁企业而逐渐壮大的。

[13] 在欧洲，EDF对德国、匈牙利、意大利、波兰、西班牙和英国的电力企业要么全部收购，要么购买其主要股份。EDF也积极地参与非洲、美洲和亚洲的一些业务。2004年，EDF在法国之外的收入达到175亿美元（它的总收入为470亿美元），息、税、折旧及摊销前的盈利（EBITDA）为40亿美元（该项的总额为120亿美元）。资料来源：The EDF Group, *Annual Report*, 2004。

[14] 公司组织的社会化的概念是由William Whyte在他的经典之作 *The Organization Man*（1956, Anchor Books）之中首先提出来的。最近关于公司组织在社会中的作用的更多讨论可以参见：Perrow, Charles. 1991. "A Society of organizations." *Theory and society*, 20:725-762。

[15] The *Wall Street Journal*, July 25, 2002: "Sweet Deal: Hershey Foods Is Considering a Plan to Put Itself Up for Sale."

[16] Dow Jones News Service, August 7, 2002: "Hershey School Group Requests Lawmakers to Stay Any Sale."

[17] *Fortune magazine*, October 14, 2002: "Sweet Surrender. There Was Much Rejoicing When the Town Founded by Milton Hershey Blocked the Sale of

His Chocolate Company. But Was It Really a Victory?"

［18］Degussa owned, until 1986, a 42.2 percent share in Degesch, which delivered Zyklon-B cyanide tablets to the Nazis for use in the death camps'gas chambers.

［19］*Western Daily Press*, October 27, 2003: "Holocaust Firm Banned."

［20］*Agence France Presse*, October 29, 2003: "L'architecte du mémorial de l'Holocauste soutient le groupe chimique Degussa."

［21］*Agence France Presse*, November 5, 2003: "Nazi-Linked Firm Helped Build Holocaust Memorial Foundation."

［22］NPR Radio, October 31, 2003: *All Things Considered*.

［23］Degussa comapany press release, October 28, 2003.

［24］改变大众观念的途径包括发明不含尼古丁的香烟，或者将大部分的利润捐给慈善机构，以此来为那些重度吸烟者提供保健服务。此外，还有一些其他办法可以运用。

［25］Piore, M., and S. Safford. 2006. "Changing Regimes of Workplace Governance, Shifting Axis of Mobilization, and the Challenge to Industrial Relations Theory." *Industrial Relations*, 45:299-325.

［26］For a discussion of identity marketing, see Reed II, Americus, and Lisa Bolton. 2005. "The Complexity of Identity." *MIT Sloan Management Review*, 46/3:18-22.

［27］*FOOD*, May 24, 2005: "Mecca Cola': A Sign of the Times."

［28］Mecca Cola Company Web site (www.mecca-cola.com), accessed March 20, 2007.

［29］*The Financial Times*, March 10, 2004: Wall Street is convinced that Steven Heyer, the company's president and chief operating officer, is the man for the top job. But the board is conducting an unprecedented external search, and some believe Heyer has other goals.

［30］On the benefits and approach to corporate branding, see Aaker, David A. 2004. "Leveraging the Corporate Brand." *California Management Review*, 46/3:6-18.

［31］Klein, Naomi. 2000. "The Tyranny of the Brands." *The New Statesman*, 129/4470:25-28.

［32］Upstream: "BP living dangerously," March 23, 2007.

第1章 身份特征维度

The Soul of the Corporation

什么是身份特征维度？为什么管理者应该关注它？要回答这个问题，我们需要先来看一看美国的经典商标——可口可乐。自从1997年极富领袖魅力的前首席执行官罗波特·高兹耶达（Roberto Goizueta）英年早逝之后，这个公司的部分市场份额就被百事可乐抢占了。股东们已经对此表现出不满，而且产生了一些不利的言论。《财富》杂志的记者贝齐·莫里斯（Betsy Morris）[1]讲述了该公司2006年度会议的有关情况，其中提到了现任CEO内维尔·艾斯戴尔（Neville Isdell）对可口可乐400多万股东中的一位的谈话：

> 下个月，可口可乐公司将庆祝它120周年华诞。120年前，某个人在雅各布药店（Jacobs Pharmacy）用一美元购买了药剂师彭伯顿（Doc Pemberton）的杯中灵感。而今，每天都有十多亿消费者在生活中享用可口可乐。可口可乐给他们带来了欢喜、乐趣和新鲜感。但是，我们知道曾经保证我们持续发展了120年的东西并不足以支撑我们未来的发展。

在莫里斯的讲述中，艾斯戴尔提到了公司的高层管理者和董事会已经达成一致意见，将不会对除了饮料之外的其他行业进行多元化投资，并致力于建立一个生产不含酒精饮料的公司。这个公司将会增加产品种类，以满足消费者的特别需求。她同时写道："这听起来好像并不是很大程度上的改革，但是如艾斯戴尔所说的，对于可口可乐公司而言，这已经是一场'革命式变革'了。"

事实上，2007年5月可口可乐公司已经宣布它有意斥资41亿美元收购格拉西奥（Glaceau），这是一家生产添加维生素和矿物质的保健水的企业。但是，即使这次收购成功，也不足以使可口可乐公司建立统治地位。在这份声明发布不久，安德鲁·马丁（Andrew Martin）就在《纽约时报》写道[2]：

收购格拉西奥对于公司来讲是一个里程碑，因为之前公司从来没有努力去接管一个这样庞大的公司。即便这样，一些分析师仍然想知道艾斯戴尔先生和他的董事会是否太保守了，以至于不能打破传统。这个传统曾经非常适合他们发展，但是现在不再适应这个世界了。消费者的口味变化很快，而且是在不断地发生着变化。

在本章的后面部分，你将看到艾斯戴尔和他的团队正在为身份特征维度及其结果而努力。他们一直在斟酌，可口可乐公司多大程度上应该改变，多大程度上要继续保持原样。他们过去所依靠的模式是由单一的可口可乐扩展成一系列的饮料产品，他们想知道这种模式是否有利于保持公司的生命力。

表面看来，艾斯戴尔和他的团队似乎是在处理一个战略问题。实际上，他们也正是这样来界定他们所讨论的问题的。但是我们的看法却与之不同。对于我们来说，他们正在处理的是基本的身份特征问题：作为一个公司，我们是谁？我们的消费者如何看待我们？在未来我们的身份特征将使我们发展到什么样的程度？可以肯定的是，这些问题的答案有战略方面的内涵，但是它们确实来自更深层次的东西——公司身份特征，来自公司内外对公司身份特征本质的共同理解。正如你将看到的，公司身份特征会成为一笔真正的财产和一项强大的力量来源，但是有时它也会成为负债，成为公司潜在的致命弱点。

本章提供了一个概念框架以帮助你考虑公司身份特征问题，并对它加以处理。在结尾处,我们会打开公司身份特征这个"黑匣子",并且列举身份特征维度的几个补充问题。我们将探讨公司身份特征与其他概念的关系,比如公司文化、品牌定位和公司名誉等,同时讨论它们的不同之处。我们也将说明管理身份特征维度实际上就意味着如何平衡日常工作中不可避免的、充满矛盾的各种压力。

身份特征维度

当我们从外部检验一个公司时,我们会看到它有着既定的所有权、治理结构、产品、技术、经营战略和组织结构、运营体系、管理政策、经营规则、员工特点,还可能看到一系列公开表述的价值观念。在理想状态下,这些要素之间能很好地相辅相成(如图1—1),从而使公司有良好的业绩表现。当公司的表现不太令人满意时,通常人们会认为问题在于这些因素中的一种或几种没有调整好,并且会提出几个调整建议,以促使其进行重新调整。

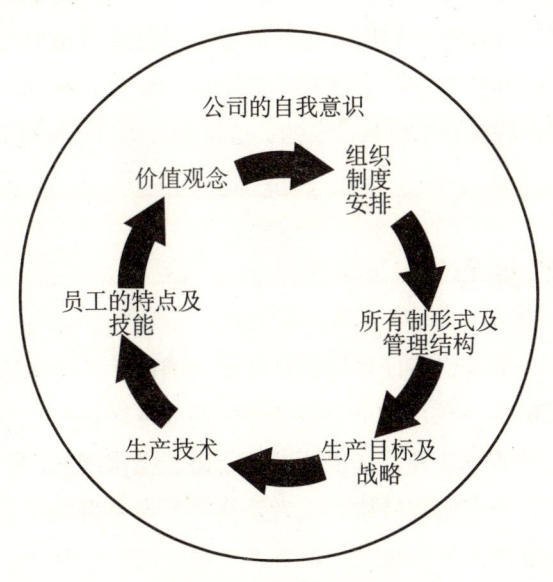

图1—1 身份特征维度

我们对此持有不同的观点。我们认为公司这些有形的因素是由一系列共享信念集合在一起的，这些信念有时是不可言明的，有时又是毫不掩饰的。这些共享信念决定了公司的本质。这一系列共享信念就是我们所谓的身份特征维度，它使公司的一系列有形因素具有了内在一致性，并且给出了一个界限，用以界定在不改变公司本质的前提下可以进行多大程度的改变。可口可乐的例子表明，身份特征维度明显地存在于利益相关者的集体无意识之中，因为组织和大多数个人一样，会很自然地将它们的身份特征看做是理所当然的。如果组织对自己的身份特征满意的话，那么在处理日常的经营活动时，它们不会去想它们是谁，它们应该是谁，它们想成为谁。除非假设身份特征是（或至少是）暂时稳定的，否则无论是对组织还是对个人来讲都不可能有一个"正常的"生命。这个假设使得公司在对自己的本质毫无疑问的情况下，去应对前行中不断遇到的机遇、问题和挑战。但有时股东们还是会对公司的身份特征产生一些矛盾的观点。就拿现代大学中正在发生的事情来说，一些股东认为大学就是一个生产和传播知识的组织，而有些股东却认为它是一个商业组织，应该进行竞争性和营利性的运作。当公司身份特征成为一个问题时，领导者就需要知道他们所面临的问题已经超出了战略层面，并且总是会牵涉到公司本质之争。当这些问题产生的时候，领导者就必须了解他们的公司身份特征是怎样被设定的、这样的公司身份特征有什么内涵。

公司身份特征界定

正如一个人的身份特征可以通过性别、国籍、社会团体、教育文凭或专业技术来确定一样，一个公司的身份特征维度，也是由多种因素决定的，比如它的核心业务、知识基础、国籍、经营理念、一个富有传奇色彩的创始人、公司治理结构，或者是这些因素的组合。

关键的利益相关者（雇员、所有者、供应商、消费者、银行家、股东）认为，任何关于公司的核心的、持久的、与众不同的方面[3]都是公司身份特征的一部分。确定不同身份特征的权重和突出性可能会在很大程度上将一个公司改变为另一个公司。比如说，技术革新对于苹果的影响相对于麦当劳来说是更重要的。国籍对丰田的身份特征界定远远超出了它对谷歌的界定力度。2002年夏天，好时食品公司销售的巧克力对人体产生了伤害。这个案例说明，比起它是雀巢还是吉百利的公司身份特征来说，公司的所有权和治理结构对这个公司更为重要。身份特征确定的权重和突出性也可以随着时间的推移，使同一个公司发生改变。如果不是2005年夏天达能可能被百事收购的传言越传越盛，达能的国有身份特征也不会太引人注目。法国的一些社会团体和领导人对百事公司的收购提出恶意攻击，这反而使得世界注意到达能是一个法国品牌，政府将会尽一切努力阻止它落入一个美国巨头的手中。[4]这段插曲表明，在通常情况下身份特征界定深深地存在于集体无意识当中。最典型的就是人们认为公司身份特征是理所当然的，因此大家通常不会对此进行公开讨论。身份特征界定被提及通常是由于发生了一些不寻常的事情，这些不寻常的事情常常会迫使利益相关者去追问："我们是谁？"或"他们是谁？"

身份特征界定反映了人们对公司本质特征的主观的、共享的信念。这就意味着，在同一时期、同一领域，有着相同地理位置和文化背景的两个公司仍然可能有着截然不同维度的身份特征界定。惠普和英特尔就是很好的例子。惠普历史上的大多数身份特征都是经营特定业务的，即著名的惠普之道（HP way），而英特尔公司的身份特征则概括为"超越未来"（Leap Ahead），即在不断的技术革新中进行管理。[5]

■ 均衡一：身份特征一部分是被设计的，一部分是偶然出现的

一个公司的身份特征往往出现在它生命的早期。创始人和管理者有意无意地对新公司的关键部分做出选择和决策，从而形成公司身份特征。这些关键部分包括行业领域的选择、经营战略、生产技术、组织形式、员工、竞争地位、产品组合，以及仅仅为了标新立异而进行的公司命名等。

本安杰瑞（Ben&Jerry's）冰激凌、苹果公司、美体小铺（The Body Shop）、棒奥陆弗森（Bang&Olufsen，简称B&O）、美国西南航空公司（Southwest Airlines）、戈尔公司（W. L. Gore）等在很大程度上都是由它们的创始人进行身份特征设计，并且影响了它们自身的价值

取向和价值体系。但是，也有很多公司是在发展过程中，随着不断地处理一些经营管理问题而建立了独一无二的身份特征。公司运用自己独特的方式来解决这些问题，并形成一个标准的身份特征。这个身份特征可以使公司很容易被公司内外的利益相关者辨认。比如说，技术革新并不是 3M 公司早期的核心内容。该公司在早年从事的是采矿投机行业，一直到它碰上了严重的业绩问题之后才转行。它的创始人为了摆脱即将破产的处境进入制造行业，才使得技术革新变成了公司中明确且重要的方面。[6] 20 世纪 80 年代早期，IBM 公司在个人电脑业务上大胆尝试之后，比尔·盖茨才组建了自己的团队，偶然地建立了个人电脑软件巨头微软公司。1917 年美国联邦政府没收了第一次世界大战期间德国公司在美国的资产，之后成立了默克集团（Merck），使之成为一个独立的美国公司。

当一个公司的身份特征由它的创始人认真界定之后，它就会在公司身份特征的同一性、公司宗旨，或者价值体系、做事原则等方面进行明显的结合。一个在发展过程中建立自己身份特征的公司，身份特征就会变得司空见惯，不引人注意。当公司遇到不得不解决的一些特殊事情（比如恶意收购），或者受到来自环境变化的大量挑战（撤销管制或一种新技术的诞生），或者它的管理层试图引领公司走向一个新的发展方向（比如全球化）时，公司才会意识到身份特征问题，并将它明确地提出来。

■ 均衡二：内部身份特征和外部身份特征

由于身份特征对某个个体或组织与其他实体的区别进行了界定，因此就需要在特定的个人或组织与其他个人或组织之间达成一个默认的共识。换句话说，个人的身份特征并不是一件私事，它是一个社会问题。比方说，我可以任意地想象我自己是什么样的人，但是我如何定义自己却成为了问题。如果我周围的人对我的身份特征定义并不认可，我便会遭遇身份特征挑战危机。比如，我认为自己是个女人，但是我周围的人却一直把我当成一个男人看；我认为自己是一个著名的网球冠军，但是我的朋友们却一直认为我在球场上的表现一般。依此类推，公司身份特征的建立有时并不仅仅取决于它的创始人、管理者或公司成员。外部环境（消费者、投资者、竞争者、记者、政府）有时也要对所推出的身份特征进行验证。美国西南航空公司就是这方面的一个很好的例子。另一方面，外部环境也会抵制由创始人为公司建立的身份特征。比如在苹果公司建立的早期，史蒂夫·乔布斯（Steve Jobs）将他的新企业定义为对 IBM 的 Universal 数据库的替代者，但是个人电脑行业的现实告诉他，苹果公司只能做一个冷静的细分市场参与者。

　　身份特征具有互动的特点，这可以帮助我们理解身份特征与文化之间的不同，尽管这两个概念经常被混为一谈。一个公司通过内部程序产生它的文化（价值和信念体系），但是要在与外部环境的反复接触和互动中建立它的身份特征。如果不与别的公司进行比较，只是作为与世隔绝的部落存在，一个公司不能也不会去发展自己的身份特征。但是，它不可避免地要产生价值和信念体系以及准则规范等，以引导成员之间面对面的行为。

　　使公司对自身的认识与外界对它的认识一致，对于公司管理而言是一个重要的挑战。因为一个公司如果不能在它的内部成员（所有者、雇员、管理者）对它的认识与外部的利益相关者对它的认识之间寻求一个平衡点的话，那么这个公司将不能健康地发展。每个企业的领导者都应该认真地考虑这个问题。这个问题是由米塔尔钢铁[7]恶意收购阿塞洛公司[8]引起的。米塔尔钢铁在欧洲国家遭到了抵制，因为阿塞洛公司在欧洲是一个具有重要意义的企业。米塔尔钢铁作为一个如饥似渴的印度公司，十分渴望吞并欧洲这一重要企业。但它试图仅仅通过关闭欧洲的工厂，将工作转移到成本低廉的国家达到兼并的目的。为了纠正公众的观念，公司的创始人兼总经理拉克希米·米塔尔（Lakshmi Mittal）强调米塔尔钢铁公司实际上也是欧洲的，公司是在英国进行管理，在荷兰成立公司，由东欧的几个公司共同所有，在印度并没有生产基地，也与印度没有任何业务往来。为了更好地宣传公司的声誉，拉克希米·米塔尔甚至承诺要保留阿塞洛在欧洲的工作岗位，并在新的公司管理结构中重用阿塞洛的最高管理层和主要的所有人，并且要将合并后的公司建立在阿塞洛总部的所在地——卢森堡。然而，他的提议引起了相当激烈的反对。虽然拉克希米·米塔尔是全球钢铁工业领袖，而且在国外生活了近30年，但公司所有的解释和优惠条件仍然没能改变公众对他印度背景和国籍的看法。如果拉克希米·米塔尔对身份特征维度更敏感一些，那么在对阿塞洛公司进行兼并之前，他将会首先围绕米塔尔钢铁公司的身份特征设计进行一些公开活动，从而树立它作为欧洲企业的身份特征，并使欧洲的利益相关者对这一身份特征表示认同。即便如此，他的决策仍然会遭遇在职的管理者以及一些工会团体的抵制，这在敌意收购中是常见的情况，但是这种阻力将会缺少一般公众以及政客们的支持。更为重要的是，它还会使得米塔尔更为容易地吸引个人或机构利益相关者，还可以得到他们中最为重要的利益相关者——卢森堡政府的支持，它拥有阿塞洛5%的股份。这样，拉克希米·米塔尔便可以将主要精力放在公司经营上，而不是去费力解释米塔尔钢铁公司真正的身份特征到底是什么。

■ 均衡三：共性与特性

尽管一些关于公司身份特征和公司品牌的权威著作往往强调身份特征是体现公司唯一性的重要信息，但社会身份理论家也提醒我们身份特征同样可以用来对个人和公司进行分类。[9]一个清晰的身份特征可以表明一个人或一个公司是属于哪一类的，同时也可以表示出个人与组织是如何与同类相区分的。

我们需要了解一个公司属于哪一类，与获得公司内外支持者的支持是同等重要的。比如，当内科医生认为某家公司并不是一个医疗保健机构时，他们是不会去应聘的。股票分析师在不确定某个公司是属于什么类别的时候，他们对公司的价值评估常常会因此受影响。

有很多公司既能很容易地辨别出属于哪个类别，又能很容易地与同类企业相区分。丰田公司是一个汽车制造商，但它与其他的汽车商不同。麦肯锡是一个咨询公司，但是它与同类企业也是不一样的。魏格曼公司（Wegmans）是一家超市连锁店，但是却在众多的竞争者中独树一帜。丰田、麦肯锡和魏格曼公司是如何很容易地被归属在一个特定行业内的呢？同时它们又如何保持自己的唯一性呢？答案就在于它们的身份特征既可以使它们看起来与同类公司（汽车制造业、咨询业和零售业）具有相似性，又可以使它们与同类企业相区别。对于丰田来说，它一贯坚持独特的生产体系；麦肯锡则主要面向公司的高管人员提供咨询；对于私人经营的美国零售商魏格曼来说，它则具有与众不同的经营理念。

身份特征的归类和区别功能为身份特征管理提供了新的视角。公司身份特征和品牌专家极力主张公司的管理层应该使自己的公司与众不同。这在有很多竞争者争夺客户、投资者和技术工人的经济环境中无疑是至关重要的。如果管理者过于追求独特性，那么他们将使公司很难将自己归属于某个已有分类。英国皇家邮政集团（British Royal Mail）就因为忽视了身份特征的归属问题而付出了高昂的代价。在这个公司很快就要被私有化的时候，管理者们热衷于将其定位为一个新物流和供应链管理时代的重要参与者，因此他们将其更名为康塞尼亚（Consignia），并且对它寄予了厚望：

请相信我们可以联系到在英国的每一个人、每一项业务以及每一个社区……我们每一个在康塞尼亚的工作人员都有专业的技术、自豪感和责任感，因此我们可以提供优异的个人服务。[10]

虽然每个顾客都被告知邮局不再是那个他们所熟知的皇家邮政了，但是康塞尼亚仍然经营着邮件收发和投递业务，同时也实现了业务的多元化。可是人们仍然不会将它看做像 UPS、FedEx 和 DHL 那样的快递公司。为了结束这种混乱，管理者不得不停止使用康塞尼亚的名字，重新恢复使用皇家邮政的名字以及公司身份特征。

一个好的身份特征管理需要在公司的共性和特性之间保持微妙的平衡，以使利益相关者很容易想到"这个企业是什么类型的"和"这个公司与同类型中的其他公司相比有什么不同"。

■ 均衡四：趋同与趋异

重要顾客对公司的身份特征要在多大程度上达成共识，不同的公司对此持有不同的看法。2002 年夏天，试图出售好时食品公司的计划使得米尔顿·好时信托公司的董事们和其他利益相关者在对公司本质的认知上发生了冲突。董事们认为好时食品公司就是一个可以被买卖的企业，而承担慈善使命的应该是信托公司而不是企业。社区的成员们对此却并不认同，他们认为承担社会使命是好时食品公司身份特征不可或缺的部分。

领导者如果对身份特征维度十分敏感，为了使重要的利益相关者对公司本质保持高度的认同，他们就会更加关注有关公司的发展方向以及公司应该如何发展的问题。丹麦的消费性电子产品生产商——棒奥陆弗森的公司身份特征定位为用美感设计来使富人获得一种与众不同的娱乐体验，同时它生产的家具也可以放在顾客的客厅当中，让他们向别人炫耀。公司清晰而稳定的身份特征使得管理团队注重公司运营的各个方面，比如产品的种类、目标客户群、产品的销售方法，以及投入产品设计和售后服务中的资源数量等等。公司在1991年经历了一次严重的业绩危机。那时管理层凭借公司身份特征策划了一个复兴计划，并得到了很好的执行，同时也再次强化了公司已有的身份特征。[11]

只要公司的身份特征与公司所处的行业和外部大环境是协调一致的，那么对于管理而言它就是一个非常有效的方法。相比之下，管理那些身份特征在重要的利益相关者中一直都存在争议的公司就困难多了。在这些公司中，哪怕是一个一般的决策都会引起对公司本质的强烈争论。最近关于公共广播网（Public Broadcasting System，简称PBS）未来发展的公开讨论就表明了当人们对公司身份特征产生争议的时候会发生什么样的事情。在这个案例中，有些人认为公共广播网应该更偏重于质量设计，以此来提高整体市场的占有率；而有些人认为它应该减少一些精英类的节目，以此来吸引更多的听众，从而保证它有充足的经费来源。有关这场辩论的过程被《商业周刊》（Business Week）的约瑟夫·韦伯（Joseph Weber）在一篇题为《公共电视的身份特征之争：公共广播网是要吸引新观众还是要墨守成规？》[12]的文章中进行了描述。舆论公开地对公司身份特征进行争论的案例还包括英国广播公司（BBC）[13]和纽约市博物馆（New York City museums）。[14]

这些争论最明显的作用在于公司管理者可以努力培养重要的利益相关者对他们公司身份特征的认同。另外还有一个虽然不是很明显但又同样重要的事实，那就是不能完全消除分歧。在一个公司身份特征极端趋同的公司里容易发生公司的自恋倾向，并与外界隔离。因此，除了要尽力地追求趋同、消除分歧之外，真正理解公司身份特征重要性的领导者还应该力求在趋同和趋异这两种力量中间寻求一种平衡，以使得公司在无法达成集体行动的时候实现最大限度的趋同,而在无法进行改变的时候实现最小限度的趋异。

■ 均衡五:分裂与聚合

劳伦斯和罗尔施(Lawrence and Lorsch)在他们非常有影响力的《组织与环境》(Organization and Environment)[15]一书中提出,有效的管理要求公司结构在分化与整合之间保持一种平衡。下面将对身份特征的分裂与聚合的问题进行阐述,这些阐述与劳伦斯和罗尔施的观点是相近的,但是在处理方法上有些不同。身份特征的分裂指的是伴随公司组织变大、变复杂,身份特征体现在组织的不同层次上的过程。公司身份特征可以体现在工作群体、部门、经营单位、地理实体、子公司等层面上。聚合是指子单位由于感觉是属于一个共同体而紧密地结合在一起。公司结构的分化与整合是由管理层促成的;而公司身份特征的分裂与聚合则是一种社会化的心理进程,管理者可以对它产生影响,但是却不能改变它。

当聚合和分裂两种力量相互碰撞的时候,公司需要在两种力量间加以平衡,并适当地进行改变。麦肯锡、宜家家居和苹果电脑等公司的身份特征远远超过了当地其他公司的身份特征。不管它们位于世界的哪个地方,这些公司的员工都与自己的母公司紧密地联系在一起。而对其他那些通过购买而建立或成长起来的公司而言,它们身份特征的分裂多于聚合。这些公司的员工倾向于与子公司而不是母公司相联系。我们注意到,法国的许多跨国企业往往都在它们遍布世界的附属企业里实行年度员工信息反馈制度。这些持续不断反馈回来的信息表明欧洲的员工仍然与法国的母公司保持着密切联系,而北美的员工则倾向于与当地的子公司保持密切联系。

公司身份特征聚合和分裂的水平对公司有很重要的现实意义。公司身份特征高度聚合的话,它在员工中间就有很强的凝聚力,这可以使公司有畅通的沟通系统、内部的协调机制、共同的目标、更多的让步,以及在困难时的奉献精神。而如果公司身份特征高度分裂的话,它就缺少一种能把子公司的员工们聚集在一起的心理契合点。由于这些公司的领导者不能依靠对公司身份特征的共享信念来确保子公司与母公司之间的协调一致，因此他们就不得不更加费力地工作，以协调好子公司与母公司的战略和行动。

目前大多数的管理者都能很好地平衡全球战略和本土战略之间的关系，并能够协调好组织结构的分化与整合。但是大部分管理者对公司身份特征的分裂和聚合所产生的影响缺乏足够的认识，同时也缺乏应对这一影响的技巧。要想在这些过程中有所作为，你必须首先理解并且接受分裂是不可避免的这一事实。此外，你还要对人们建立小团体的需求做出应对。来自同一个地方的人们聚集在一起形成了小团体，他们在小团体中更容易相互联系。尽管聚合对一个公司的效益是至关重要的，但是与分裂相比，聚合不能使人们很自然地聚集在一起，因此需要管理层投入更多精力去应对分裂。我们可以通过不同的方法来实现公司身份特征的聚合，从具有象征意义的开端（比如公司身份特征的概述说明）到实质性的推进（比如使人们在不同的业务部门、功能领域和国家之间流动，以加强公司范围内的团队精神）。我们将在第 11 章中对身份特征管理的不同方法进行更详细的阐述。

身份特征中矛盾关系的协调

前面进行的一系列讨论主要强调了这样一个事实：一个公司的身份特征不可避免地受到相互矛盾的多重关系的约束（见图 1—2）。这些相互矛盾的关系是不可避免的，因为对一个公司而言，它的身份特征是开放的，而且从来没有被看做是一次就能建立完成的。这些关系之所以是相互矛盾的，是因为它们都将公司置于相反的方向上。要想减少这些关系中的矛盾，管理者们就必须对它们加以平衡，并且确保公司身份特征不会被前面我们所提到的任何一种力量拉得太远、太久。当公司身份特征与外界相隔绝的时候，我们就认为它犯了自我中心主义的错误。相反，公司身份特征也不能被外界认为从来不发展自己的个性和差异。过分强调公司的特殊性不利于公司正常的发展，因为外界分不清它是属于哪个类别。相反，如果过分地与那些特定类别中的正统企业相一致，公司就会丧失自己的个性。在一个日新月异的环境中，过分的趋同会使对公司身份特征的正常评价受到影响，但是过分的趋异又会导致公司发展停顿。最后，过分的分裂会威胁公司的内部凝聚力和对集体的认同感，但是过分强调聚合会更偏好公司内部的克隆，而排斥那些不能将自我身份特征与过于一致的公司身份特征融为一体的个人和团体。

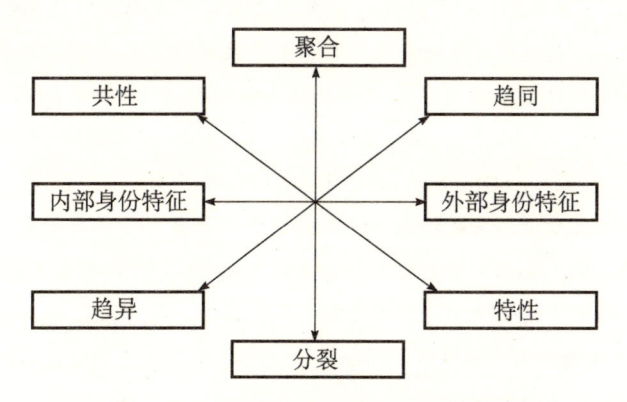

图 1—2　身份特征维度中对立关系的协调

正如你将在下一章看到的那样，当能够恰当地平衡这些关系时，当利益相关者们对公司的身份特征达成高度共识时，公司身份特征就会成为惊人的资产。但是，如果身份特征的力量被低估或忽略，或者过分地依赖聚合和一致性，那么公司身份特征将变成一笔危险的负债。它不仅会威胁到高层员工的职位安全，而且会影响到公司的未来。你将在第 3 章中看到这一点。那么，你认为你的公司是处于身份特征维度空间里的哪一层面呢？

注释

[1] *Fortune* magazine, May 15, 2006: "Coke gets a Jolt. The soft drink giant has done business the same way for 120 years. Now CEO Neville Isdell wants it to face the future."

[2] The *New York Times*, 27 May 2007: "Coke Struggles to Keep up with Nimble Rivals."

[3] Albert, S., and D. Whetten. 1985. "Organizational Identity," in

Cummings, L. L., and B. M. Staw (eds.). *Research in Organizational Behavior*. Greenwich, CT: JAI Press, 263-295.

[4] *Financial Times*, July 23, 2005: "The Ironies of French Resistance to PepsiCo's Advances."

[5] 技术革新是英特尔身份特征的核心,公司网站上的一段介绍很好地说明了这一点:"英特尔,世界芯片革命的引领者,它不断地研发新技术和新产品,并且致力于持续不断地更新人们的工作和生活方式。在不断创新中产生的一系列英特尔精神共同构成了我们的公司身份特征。"(www.intel.com/intel/index.htm)

[6] "A Century of Innovation: The 3M Story." www.3M.com.

[7] 米尔塔钢铁公司是钢铁行业中的世界领导者。它并购或有效地重组了东欧、亚洲、北美和拉丁美洲的一些业绩不佳的公司,以此确立了霸主地位。

[8] 在被米尔塔钢铁公司收购之前,阿塞洛公司还一直是世界第二大钢铁公司,2002年由法国北方联合钢铁公司、比利时阿尔贝德钢铁公司和西班牙阿塞拉利亚钢铁公司合并而成。

[9] Tajfel, H., and J. C. Turner, 1985. "The Social Identity Theory of Intergroup Behavior," in Worchel, S., and W. G. Austin (eds.). *Psychology of Intergroup Relations*, 2nd ed. Chicago, IL: Nelson-Hall, 7-24.

[10] *The Guardian*, January 23, 2002.

[11] Ravasi, David. "Bang & Olufsen A/S." European Case Clearing House: 305-056-1.

[12] *Business Week*, September 30, 2002, P. 65.

[13] *The Guardian*, November 25, 1992: "Battle of Air Waves Creates Identity Crisis."

[14] The *New York Times*, July 11, 2004: "New York's Bizarre Museum Moment."

[15] Lawrence, P., and J. Lorsch. 1967. *Organization and Environment*. Cambridge, MA: Harvard University Press.

第2章 身份特征维度的正面效应

先看一下这些各不相同的公司，比如宜家家居、英国美体小铺、棒奥陆弗森（B&O）、哈雷－戴维森（Harley-Davidson）、美国西南航空公司、星巴克咖啡、本安杰瑞冰激凌、麦肯锡、美国戈尔和丰田公司等。这些公司都依靠不断增长的服务和商品在竞争激烈的市场中发展着，它们在各自行业中也一直是全球的领跑者。这些公司以及其他一些有着相同属性的公司，必然会引起众多管理者、记者以及研究人员的兴趣。它们持续保持领导力和优异业绩的"秘诀"已经在大量著作、文章以及案例中研究过了。这些研究甚至已经形成了一个专门研究商业成功因素的"市场"。这个市场中的"产品"或成功的理论都深深地带有作者的学科或专业背景，仅举几个为例：战略创新、卓越的执行力、先进的人力资源管理、有效的知识管理系统、客户关系管理、品牌创意、魅力型领导、有凝聚力的企业文化，以及有效的供应链管理等。

虽然前面所列的一个或多个公司中都能或多或少地看到这些因素，但是没有一个因素可以成为所有企业成功的原因。以美国西南航空公司为例，它的成功是因为它的低成本经营模式？还是定位于特殊地理位置的市场和路线？还是它的品牌和市场战略？还是以人为导向的人力资源管理？还是它令人愉悦的文化氛围？还是创始人的个人魅力？答案可能是上述所有因素共同作用的结果。

现在再来看一下丰田公司。它的成功是因为被广为称赞和效仿的精益制造系统？还是它的产量驱动战略？答案仍然是所有因素共同作用造成的，它们一起被称为"丰田之路"。

这样的例子不胜枚举，但是你要看出我们举这些例子的目的所在。这些公司的成功并不是因为某一个单独的因素，而是所有的因素聚集在一起并且互相支持的结果。换句话说，成功是系统的、有深度的，而不是一种肤浅的表现。否则，许多竞争者都可以效仿并赶超丰田、宜家家居、星巴克、麦肯锡或美国西南航空公司。

这些公司始终将它们的竞争者远远抛在后面，其原因就是在过去的几十年里在面对公司内外的支持者时，它们保持了始终如一的表现。这使得它们不同于竞争者，很难被模仿。比如说，许多西方的管理者都喜欢学习丰田公司的精益制造模式，但这是很难效仿的，因为它不仅仅是生产的一部分。你可以复制丰田的生产模式，但是你无法复制丰田已经在员工、消费者、供应商、销售商以及投资者心中建立的特有身份特征。

这些例子都表明随着技术和行业的日趋成熟，随着产品和服务的日趋相似，要想拥有绝对的竞争优势，就不能将公司身份特征仅仅建立在容易模仿的商业战略或经营体系上。商品和服务越是相似，管理者越是应该建立一种不易于被人模仿的竞争优势，也就是我们所称的公司身份特征。

在本章的剩余部分，我们将进一步探讨一个清晰的、始终如一的身份特征对公司的好处，以此来解释身份特征怎样才能成为公司持续的、难以复制的竞争优势。

身份特征清晰一致且有价值的内部好处

■ 认同感

一个公司如果有清晰、一致且有价值的身份特征，它就可以很容易地使员工认识到谁是雇主，而且员工也可以从公司那里找到个人身份特征的重要部分。强烈的认同感可以产生很多好处。公司员工会因为归属于一个专门的公司而产生一种自豪感，并且有动力向外界宣传公司的正面身份特征。一个有强烈归属感的公司会在员工中间有许多代表和拥护者，因此并不需要太多的公关专家来帮助宣传公司的正面身份特征。

美国戈尔公司是一家制造戈尔特斯面料（GoreTex）的公司，它几乎没有广告或公司品牌宣传方面的预算。但是，公司却享有来自公众的大量的、正面的免费宣传，这主要得益于它一直在美国和欧洲的"最佳雇主"排行榜中位居前列。[1] 既然它受到员工如此的拥护，它又何必另外花钱为自己做宣传呢？

反之，如果一个公司的身份特征不清晰、没有始终如一，并且存在社会问题，那么它就不能从员工那里得到正面的认同感，甚至还会使员工故意将自己的身份特征与雇主保持距离。这些公司无法鼓励员工全身心地投入工作，因而它们不得不投入时间和资源去宣传公司的身份特征。它们不仅要向外界宣传，还要向内部的员工宣传。

■ 忠诚度和敬业精神

如果公司身份特征清晰、有价值的话，就会提高员工对公司的忠诚度和敬业精神。因为始终如一的身份特征会增强员工对公司的信任和依赖感。这种忠诚和具有敬业精神的行为表现是多种多样的，而且是有利的。忠诚的员工是不容易因为高薪而被其他公司挖走的。因此，公司可以非常放心地对他们进行技术和管理技能的培训。忠诚的员工即使没有被强迫也会非常关注公司的利益。忠诚的员工在公司遇到困难的时候会很容易地做出让步，体现自己的奉献精神。比如说，为了帮助美国西南航空公司很好地应对航空业的危机，在没有劳动或管理部门施压的情况下，工会就在薪水问题上主动做出了让步，从而成为美国航空业中的佳话。[2]

■ 协同合作

当所有的员工都认为自己归属于同一个公司的时候，管理者就不需要花费太多的时间和精力去建立和强化正式的合作制度和程序。员工与公司同呼吸、共命运的意识可以为协同合作提供非常自然的动力。公司身份特征的加强就像保险一样，可以抵御本土化的思想和行为方式所带来的冲击，而这些冲击在身份特征高度分裂的企业里是很常见的。

■ 解决问题和制定决策的向导

一个清晰、一致的公司身份特征为员工解决问题和做决策提供了框架。因为管理者不能也不应该事无巨细地向员工说明他应该如何做决策。一个清晰的公司身份特征对于处理问题和制定决策是非常有效的向导。比如说，美体小铺对周围产生的向心性以及具有强烈社会责任感的公司身份特征为公司的战略决策提供了非常清晰的界限。这种界限可以使公司中不同角色、不同职位的员工在进行战略选择和制定经营决策时能有所参照。

对于那些已经对公司的身份特征有清楚的认识，并对此表示认同的员工来说，当他们遇到特殊环境时，不必告诉他们应该怎么去做。答案完全取决于他们对公司核心思想的理解和认知。

■ 合法性

管理一个公司需要一些特权，而且有时还需要作出一些强硬的决策。理解特权和强行决策的合法性，对于接受和执行它们是至关重要的。对于这个问题，公司如果有一个清晰、一致且具有社会价值的身份特征，它就不需要对管理者以及他们所作决策的合法性表示担心。管理者会因为与公司身份特征的紧密联系而努力工作，并且去更好地体现公司身份特征。由于他们的决策与公司的已有身份特征是一致的，因而他们决策的合法性也是毫无疑问的。

身份特征清晰一致且有价值的外部好处 ▶▶▶

公司身份特征的外部好处与它的内部好处并没有根本的不同，这两者是相辅相成的。

■ 认可度

当经济环境中存在很多竞争者时，就会有大量的相似产品或服务。这时，公司如何使自己更容易被消费者、未来的员工、投资人和舆论制造者识别和认可，就显得至关重要了。像星巴克、宜家家居和美体小铺等公司通过实体身份特征（企业经销店、视觉识别身份特征设计）、产品选择、营销策略和公司价值观的独特结合，已经得到了外界的高度认可。棒奥陆弗森也通过始终如一地强调对品牌及分销网络的设计和认真管理，使自己与其他消费性电子产品的生产商相区别。此外，它还向外界推销它独特的经营理念和管理方法（宽松的工作环境和关心员工等）。

公司有着独特而有价值的身份特征时，一般都会被高度认可。这使得它不需要通过一般的途径向它的支持者推销自己。

■ 吸引力和忠诚度

公司如果有正面的、清晰的身份特征，一般都会深深地吸引着员工、消费者、投资者，甚至其他商业伙伴也被吸引来与之打交道。这一过程形成了一种光环效应，使得公司在光环中拥有一批忠实的观众，这些观众为它的成长和发展提供了保证。比如说，当它得到了外界的高度认可时，它就很容易吸引新的人才。

■ 信任和可预见性

公司的身份特征始终如一，可以在它的员工、消费者和投资者中建立一种信任感。员工知道谁是他们的雇主，不用担心公司的目标、战略和管理方法在一夜之间发生改变。消费者也愿意并且坚持在一家公司购买产品和服务，是因为他们相信它并且认为它是产品和服务的坚实后盾。投资者支持并且始终对公司忠诚是因为它是可靠的、可以预期的。

■ 良性循环

在本章开篇中提到的那些公司的内部和外部身份特征都是高度清晰

和一致的。这些公司都有这样一个良性循环，即外部的好名声可以加强内部员工的自豪感，员工的自豪感又给公司带来好的口碑。现在的问题是，管理者是否能够主动地建立公司的身份特征，并且使之形成一种像星巴克和美国西南航空公司那样的良性循环。简单地说，公司的管理者如果时刻注意个人或集体的身份特征不被完全指定或单方面决定，他们就能在很大程度上塑造公司的身份特征，我们将会把这个问题保留到第11章，在那里进一步讨论。下一章将从一个不同的角度探讨公司的身份特征，它有可能会成为公司的主要负债，而不是一项决定性的资产。

注释

[1] 美国戈尔公司连续18年在《财富》杂志每年的"100家最佳雇主"的评选中榜上有名。《财富》杂志于2005年1月24日公布的名单中，戈尔公司的综合排名为第2，在中等规模公司中排名第1。紧接着第二年，戈尔（英国）公司在"英国100家最佳雇主"的排名中名列第1。戈尔（德国）公司在2005年德国"50家最佳雇主"的评比中，综合排名位列前10名，在中等规模公司中排名第5。戈尔（意大利）公司在2004年意大利"35家最佳雇主"的评选中居前20名。

[2] 美国西南航空公司从它的工会那里获得了制定薪酬标准的特许权。

第3章 身份特征维度的负面效应

The Soul of the Corporation

还记得美国数字设备公司（Digital Equipment Corporation，简称DEC）吗？它的微型电脑挑战了IBM在计算机市场中至高无上的霸主地位，这些微型电脑比IBM的大型电脑占用空间小，价格便宜，容易操作。20世纪70年代，DEC的事业发展到了巅峰时期，它被认为是一个勇敢的创新者，甚至可能取代蓝色巨人，成为世界计算机行业的引领者。1998年，人们却发现苦苦挣扎的DEC被所向无敌的康柏公司吞并了，并裁掉了原有53 500个职位中的15 000个。[1] 到2007年，无论是作为公司实体还是公司品牌，DEC都不复存在了。DEC在20世纪六七十年代建立的始终如一的、持久的、独特的公司身份特征却变成了自身无法摆脱的困境。

DEC的事件很清楚地表明，如果管理者不愿或不能超越战略和运营去考虑问题，不重视公司身份特征的负面效应，那么始终如一的、持久的、独特的公司身份特征的正面效应可能会转变成公司的负债。为了帮助管理者应对身份特征的负面效应，本章将明确地指出一些问题，并给出相应的建议。

自恋 ▶▶▶

和普通的个人一样，公司组织也有自恋的倾向。当公司的所有人、员工和主要的利益相关者都被一个清晰而持久的公司身份特征所吸引，并对归属于这个公司或与这个公司进行交易而感到自豪，而且不管公司传达出的信号是弱还是强，甚至在公司身份特征已经不合适或不可行的情况下，他们依旧坚持对公司的看法时，公司就很容易产生自恋倾向。

为了说明这一问题，我们再次回到DEC的例子中。许多观察家和学者都对这个案例进行了简单的分析，并对该公司为何会出现失败的结局给出了几个解释。哈佛大学教授克莱顿·克里斯坦森（Clayton Christensen）认为，DEC和其他技术类公司一样，失败是因为它没有预计到个人电脑的开发所带来的破坏性的变革。[2]这一解释看起来似乎是合理的，可以成功地应用于其他案例的分析之中。但是，为什么许多公司都没有预计到知识和技术变革的破坏性呢？破坏性变革的解释恐怕并非合理的解释。

为了探寻公司预见不到环境变化并无法适应的根本原因，我们暂时先撇开经济和战略等方面的因素，只考虑公司身份特征和公司绩效之间的关系。当一个公司被认为是很成功的时，它的利益相关者通常会认为这是由于公司的内在本质带来了好的绩效。在这个过程中，利益相关者会增加对公司的信任，并愿意对它做出承诺。当公司的成功使得人们对公司身份特征越来越信任、做出更多承诺时，公司就容易陷入自恋的恶性循环当中。当一个公司发展到极端自恋的时候，公司就会变得封闭并且会拒绝来自反对方的信息反馈。

自恋的公司并不只出现在信息技术领域。法国小家电生产商万能公司（Moulinex）也和DEC公司一样因为相同的原因遭遇了失败。万能公司是在第二次世界大战后由一个自学成才的工程师创建的，他的名字叫让·马特利（Jean Mantelet）。马特利有一个简单但很远大的愿景：以适中的价格为法国家庭提供技术先进且质量高的厨房用具，并且尽可能多地为法国人提供就业岗位。马特利建立了这样一个公司——万能公司。发展、创新、成本领先和职位创造共同成为了它的身份特征核心。

马特利的美好愿景和他定义的独特的公司身份特征使得公司在全球持续了几十年的增长和盈利。在这个过程中，万能公司形成了一种对自己的看法，即它是一家处于领先地位的、创新型的法国工业公司，这一观点也被外界所认同。20世纪80年代早期，西方国家的市场达到饱和，来自低成本亚洲国家的新竞争者不断增加，万能公司的这种自我认识使得它和它的利益相关者没能很好地应对这种环境变化。尽管公司的竞争对手在不断增多，但是让·马特利和他忠诚的管理团队以及员工仍然认为万能公司与其他公司不同，它有着强大的法国工业基础，是一家成功的小家电公司。[3] 由于他们无法改变这种根深蒂固的公司身份特征，最终不得不于2002年宣布破产。

管理者可以通过保持信息反馈通道的畅通和促使公司内外的利益相关者接受来自周围环境的不协调的信息，来帮助公司摆脱长期的自恋倾向。路易斯·郭士纳（Louis Gerstner）之所以被人们记住，正是因为他促使IBM承认它已经不再是信息技术（IT）行业唯一的霸主了[4]，并且将它的业务范围扩展到了主机生产之外。

身份特征冲突

当有影响力的利益相关者对同一家公司的本质的看法有分歧，虽然都能明确地表达出来，但却彼此排斥时，就会出现身份特征冲突问题。其结果就是公司在两种相互冲突的目标、经营战略和经营理念之间持续地徘徊。

天主教会就是一个典型的身份特征冲突案例。罗马教皇本笃十六世（Pope Benedict XVI）的选举将一系列问题又摆在了公众面前，虽然罗马教皇已经与天主教会分离了很多年，但是却承担着教会长期身份特征带来的深远后果。改良派担心教会会在西方社会衰退，因此他们取消了关于牧师不能结婚的规定，允许妇女担任圣职，对节育和同性恋的态度更加包容，他们想通过这些努力使得教会适应现代社会的生活方式。而站在对立面的保守派则认为"上帝的律法"是不可变的，天主教会不应该使自己适应社会,这偏离了"上帝的律法"。保守派和改良派之间的争论表明对于天主教会本质的认识存在着严重冲突。保守派也认为如果他们在社会问题上采取更温和的立场,那么会使教会能有更多的追随者和牧师,但是他们反对教会失去它的本质意义。改良派的观点却是相反的,他们认为天主教会如果不能适应世界的发展,就失去了作为"上帝之家"的意义,就不能做到它所提倡的人性融合。

身份特征冲突问题是经营过程中会遇到的普遍问题,虽然不都像天主教会所遇到的那么激烈。在商业活动中,雅克·纳赛尔(Jacques Nasser)被迫离开福特汽车公司就反映了福特汽车坚持汽车生产商的传统身份特征与由纳赛尔提倡的以顾客为导向的新身份特征之间的冲突[5]:

在1999年一开始的时候,我们就强调要做世界上领先的、以顾客为导向的汽车产品和服务的提供商。我们的愿景是将顾客作为公司一切活动的根本,并且将股票的回报率优先作为衡量我们成功与否的最终标准。当你以顾客的视角来审视自己的经营活动时,你将从"交易"的心态转向"联系"的理念,从仅仅销售汽车本身转变为提供有关汽车的产品和满足消费者需求的一条龙服务。

纳赛尔的理念与福特其他利益相关者(包括员工和工会)的理念之间的冲突最终因为福特家族的介入得到了解决,他们将纳赛尔解职,任命比尔·福特(Bill Ford)掌管公司的全局。纳赛尔的解职和比尔的接管,无论是在公司内部还是在公司外部都明确地表明福特公司又回到了工业生产者的根本——坚持产品的生产上。比尔·福特在他接管公司的第一份年度报告中对此做了清楚的描述[6]:

我们已经拥有很大的优势,我们不是那些不知名的公司。福特家族的参与已经使得公司与那些在这里工作的人们之间建立了特殊的关系。我们的经销商和供应商合作伙伴也是我们大家族的一部分。他们中的大部分自从福特公司一开始建立的时候就一直和我们在一起,并成为福特成功故事中的一部分。

2001年,我们没有很好地关注产品和人员这些重要部分,而使我们损失很大。但是困难时期也为我们重新检验核心价值观和采取大胆的行动提供了机会。这两方面我们都做到。2000年11月，我们建立了关注产品生产的领导团队，强大的事实证明我们的做法是正确的。

但是，即使重申了它的历史身份特征，福特公司还是没有回到它原来的轨道上。2006年秋天，比尔·福特的CEO职务被阿尔·穆拉利（Al Mulally）所取代。

出售好时食品公司的决定体现了公司身份特征冲突的另一角度。好时信托公司的董事们认为好时公司是一个典型的、可以被买卖的商品，但是他们没有考虑好时公司的社会使命。因为在他们看来，社会使命通常是信托公司的责任，而不是好时公司的责任。相反，员工和当地的团体都认为好时食品公司的所有权是好时信托公司是好时食品公司身份特征的一部分。

瑞士大型食品集团——雀巢的管理者与巴黎水（Perrier）的员工之间的斗争则是另一个因为身份特征冲突而引起的案例。雀巢的管理者坚持认为巴黎水作为一个水的品牌不应该被束缚在法国维吉斯小镇，尽管该镇拥有泉水，是巴黎水公司瓶装水的来源。对巴黎水的前景表示担忧的人们主要是担心雀巢的这一决定会减少维吉斯的工作岗位及对维吉斯小镇的投资。维吉斯的社会团体和当地的政治家们都不停地对欧盟委员会进行游说，他们强调一条公认的"原产地"原则，以此来阻止雀巢将巴黎水搬往别处去。[7]正如下面这段来自《费加罗日报》（Le Figaro）的报道所写的那样，他们坚持巴黎水公司的灵魂跟维吉斯小镇联系在一起的观点，并试图在法国政府中找到同情者和支持者：

法国工业部长帕瑞克·大卫吉安（Patrik Devedjian）昨天说，巴黎水公司的矿泉水从地理角度而言是具有特殊性的，因为它来自法国东南部维吉斯小镇的泉水。工业部长在参议会上的发言表明，如果巴黎水公司的所有者——瑞士食品巨头雀巢要以巴黎水的品牌来出售其他地方的水，消费者是不会被愚弄的。但大卫吉安先生也声称将巴黎水公司与维吉斯小镇强行联系在一起是不合法的。

管理者可以通过以下两种方法解决身份特征冲突的问题：要么通过在现有的力量之间保持一个可行的平衡，要么清楚地表达对某一种观点的支持。与大多数人的观点不同的是，我们认为身份特征冲突并不一定是件坏事。毕竟，不同群体对同一公司持有不同观点是一件很正常的事情。进一步而言，对一个公司的身份特征存在不同的观点可以使公司在不同的时间，以不同的方式向不同的支持者展示自己。那么，问题就在于公司如何把握这个度。只要相互冲突的观点没有引起观点混乱、工作弊端或严重的伤害性内讧，管理者就不应该过于担心对公司本质认识上的不一致。

当公司身份特征冲突发展到很严重的程度时，管理者应该支持他们认为最可行的观点。比如，一家英国跨国公司的管理层中的一部分人认为公司可以是医疗保健行业的参与者，但是另一部分认为它只是一个生产消费性产品的公司。尽管双方很平和地表达各自观点，但是对公司身份特征认识上的冲突仍然伴随着一些问题，比如公司未来应该走向何方以及应该如何发展等。为了解决这个问题，公司的CEO清楚地表达了这样一个观点，即公司应该是一个通过零售渠道销售消费性产品的组织。为了强化公司的新身份特征，CEO还将所有不适合公司新身份特征以及与经营业绩无关的业务全部撤销。

漂移 ▶▶▶

当有着清晰持久身份特征的公司经常偏离目标以及最初的定位时，它就容易发生漂移。漂移问题经常存在，但却并不引人注意。它通常发生在管理者开展一项新活动、进入一个新市场或兼并其他公司的时候。漂移经常在无意当中使得公司清晰持久的身份特征变得模糊。凯马特公司（Kmart）和波音公司（Boeing）就是渐变漂移的好例子。凯马特曾努力挑战沃尔玛的霸主地位，想向所有人卖一切商品，但它的身份特征最终变得模糊不清，同时还成为经营业绩持续糟糕的代名词。第11章将讲到董事会任命詹姆斯·B·亚当森（James B. Adamson）掌管公司，他令公司重新恢复了状态。在美国《商业周刊》的一次采访中，他明确地表示关于首先澄清凯马特身份特征的必要性：

我们现在不得不解决的一个关键问题就是：我们是否应该向所有的人提供一切东西，或者说我们是否有对所有类别顾客服务的优势？对于这个问题，我们必须尽快找到答案。问题就在于：凯马特到底是谁？我想花一些时间去搞清楚这个问题。顾客为什么来凯马特消费？我们失败在哪里？我们的优势又是什么？我们调查了公司的店面经理和员工，来听取他们对这些问题的看法，并对所调查的内容进行分析。因为随着这个全面、详尽的过程的推进，它会影响公司的每一个角落。我们公司已经拥有了独家专用品牌，并在城市市场中占有一席之地。但我们拥有的是比较零碎的市场，问题在于我们该如何将它们整合在一起，以及如何使经营理念不断发展。[8]

波音公司是另一个正在经历身份特征漂移的大公司。管理者为了使波音公司"远离原来作为飞机制造商的公司身份特征"[9]，将公司总部从它的发源地西雅图迁往了芝加哥，并且使得波音公司的主要目标远离了它曾经在军用航空和民用航空中的核心业务。此外，波音公司还采取了一些其他举措，比如，通过调度卫星和扩展由卫星将电影传到电影院的计划，对彻底改革美国的空中交通管制制度产生了重要影响。但这些计划不但没有成为现实[10]，还使得公司遭遇了一连串的打击：国防业务合同中的舞弊行为被揭露，民用航空的领军地位被空中客车所取代，前任总裁兼CEO哈里·斯通塞弗（Harry Stonecipher）与女员工之间的丑闻等等。这一系列事件的直接后果就是波音公司不再是以前那个民用飞机制造商了，虽然它一直在为建立一个新的波音公司而努力。

管理者可以努力澄清公司的身份特征，以此来解决漂移的问题。比如，他们可以通过重申公司的历史身份特征来结束漂移状态。斯蒂夫·乔布斯重新掌管苹果公司使得公司找回了它注重创新和设计的传统身份特征。乔布斯的前任曾努力使公司成为一个没有基本产量和成本结构的个人电脑设备仿造商，试图与IBM、戴尔或康柏等公司竞争。这一度使苹果公司陷入困境。管理者可以减少并购，只专注于它的传统市场和客户，以此来与它的历史身份特征保持一致。极端的做法是通过改变公司的所有权结构，使创始人或公司的经营理念的维护者在公司管理和决策中占有比较重的分量。这种方法并不一定会带来成功，但福特公司却是一个很好的成功案例。

　　清晰地建立一个公司的新身份特征，并且能够有力地维护它，这是解决漂移问题的较好战略。让-马里耶·梅西尔（Jean-Marie Messier）对法国通用水务公司（Compagnie Générale des Eaux）所进行的运营操作使得这家水处理公司变为一个大杂烩企业。从电子通信到书刊的发行，从房地产到私立医院以及有线电视，从废物管理到电力生产等等，不管这些业务相互之间有没有联系，都全部包括在内。为了结束这种由于疯狂兼并而引起的身份特征混乱，梅西尔对威望迪（Vivendi）这个全球传媒公司的身份特征提出了明确的看法，并试图在资产组合、经营战略和生产运营等方面对其进行相应的调整。但是，我们在下一章中会看到，梅西尔按照新的想法对威望迪进行改造时遭遇了很多困难，这也表明对身份特征进行颠覆性的变革是非常冒险的。

分裂

　　当公司中的个体和小团体更倾向于与一些子公司联系紧密，而不是与总公司联系紧密时，公司就会出现身份特征分裂。当发生这种情况时，员工与整个公司之间的联系就会被弱化。高度分裂的后果就是公司会失去共同目标，而且公司各单位之间也会缺乏相互支持。公司也无法使外界相信自己仍然是一个整体。在一家法国跨国公司里，北美的员工在若干年内会一直与他们当地的附属企业保持密切联系，有时甚至会延续到被法国母公司兼并后的几十年。这就使得法国方面总是抱怨美国人对"团体"缺乏忠诚和承诺，而美国人则认为法国的母公司在地域和文化方面过于冷漠，看起来更像一个排他的组织。事实上，这种精神上的分歧已经带来了严重后果。北美员工非常不愿意与欧洲母公司的战略

(比如竞争定价）相配合，并且很少参与在巴黎的公司总部里进行的全球战略创新决策。

当本土身份特征开始公开或默认地与已有公司身份特征相冲突时，分裂就会阻碍公司的运行，严重的甚至会在公司中形成帮派分立。尽管帮派分立在以宗教信仰或意识形态为基础的组织身份特征中更为普遍，但是它也存在于商业活动中。英国广告代理商圣卢克斯（St. Luke's）就是受帮派分立影响而创建的。1995年安迪·劳（Andy Law）创办了这家公司。他是查特/戴广告代理公司（Chiat/Day）伦敦分公司的总经理。他的同事们反对将母公司出售给奥姆尼康（Omnicom）公司，这家公司已经与李岱艾公司（TBWA）合并。伦敦的员工觉得自己在出售的过程中被出卖了，因此无法与他们即将加入的新公司保持密切关系。安迪·劳并没有按照杰伊·查特（Jay Chiat）的命令来推进英国公司的兼并活动，而是带领着那些已经被他说服的同事们离开了公司，并一起建立了一个更能反映他们独立、平等要求的新公司。在对公司总部多次施压后，安迪·劳和他的同事们终于买下了伦敦办事处并建立了圣卢克斯。这家公司由它的员工平等拥有和管理，他们遵循着"每人都有话语权"的原则。公司在追求独立、创意和乐趣中不断发展。[11]

管理者应该理解和接受一定程度上的分裂，因为分裂有时是不可避免的，这也是人们与他们的工作群体的联系发展的趋势使然。每个人都会从社会组织中的不同群体或层面中找到他自己的身份特征。同一个人可能认为自己是一个母亲或父亲，是一个律师，抑或是一个没有特别经历的美国人，甚至这些身份特征还有可能是相互冲突或不一致的。为了使多种身份特征在同一个组织中得到发展，领导者必须保证不同的身份特征层次都能在公司整体中得到展现，并且使它们之间相互适应融合。这样就可以使同一个员工既能与专门的团体、生产部门紧密结合，又能与公司整体紧密结合，甚至这些身份特征还能相互支持。管理者要能平衡身份特征分裂和聚合的关系，必要的时候既要促进和维护本土身份特征，也要加强共同身份特征，以保持归属于同一个目标的集体感。

和分裂一样,自恋倾向也是不可避免的。每个公司都会遇到来自竞争者、客户、投资者或政府的挑战,这些挑战有些是针对它的目标,有些是针对它的经营方式。因此,它需要一种建立在自信和效率基础之上的适度自恋来应对这些挑战。没有自恋,就没有自尊。

同样,有关身份特征的一些合理争辩和冲突也是有益的,它可以防止公司陷入不正常自恋的恶性循环之中。一些教育机构、医院、慈善机构和教会等组织都不断地在社会目标和经济生存之间徘徊。这两方面的制衡对存在着冲突的公司身份特征的设定产生影响。如果不能有效地平衡两者之间的关系,就会引起混乱,最终导致公司的衰退。

总的来看,就像对个人一样,管理者认清公司身份特征的负面效应也是很重要的。公司在身份特征方面保持几种关系的制衡也是必要的。一个健康的公司并不是拥有一个十分完美、清楚而且能被所有人接受的身份特征,事实上,这样的公司也是不存在的。相反,一个健康的公司会在它的身份特征中平衡各种关系。但是,公司身份特征不同于战略,不会完全地受管理者约束。管理者如果对公司身份特征的重要性非常敏感,那么他也可以在这个领域取得出色的成绩。

注释

[1] *The New York Times*,May 7,1998:"Compaq Said to Plan Cuts in Digital Jobs."

[2] Scott,A.,and C. Christensen,2005. "How You Can Benefit by Predicting Change." *Financial Executive*,21(2):36-42.

[3] 相比之下,早在20世纪80年代初,荷兰飞利浦公司就将小家电的生产转移到了亚洲。

[4] 郭士纳利用前任约翰·艾克斯(John Akers)在任期间 IBM 的损失记录和濒临破产的境况迫使公司勇敢地面对了新的现实。

[5] Ford Motor Company,*Annual Report*,2000,pp. 4-5.

[6] Ford Motor Company,*Annual Report*,2001,p. 4.

[7] *Le Figaro*,March 18,2005.

[8] Excerpt from an interview published in *Business Week*,March

14，2002.

[9] *Financial Times*，October 21，2003：“Boeing Turns to the Benefits of Diplomacy：Career Diplomat Thomas Pickering Faces a Tough Task in Helping the US Giant to Change Its Culture.”

[10] *Crain's Chicago Business*，March 14，2005："A Chicago Jinx? Boeing's Bad Landing."

[11] 安迪·劳于2003年3月离开了圣卢克斯，由于他不赞成伦敦办事处的常务理事全球化的做法。但是目前公司的身份特征已经初步形成了，所有权结构和经营原则也已经由安迪·劳和他的同事们在公司成立之初就设定好了。

第4章　身份特征维度管理的失败者

卡莉·菲奥莉娜（Carly Fiorina）、让-马里耶·梅西尔、托马斯·米德尔霍夫（Thomas Middelhoff）和菲利浦·帕塞尔（Philip Purcell）有什么共同点吗？这四个人中，有两个来自美国，两个来自欧洲。他们作为商业领袖都有过杰出的成就，作为首席执行官都备受瞩目，并得到了广泛的称赞。他们所领导的公司在20世纪90年代都遭遇了来自商业和技术环境的严峻挑战。他们每一个重要的战略眼光和战略措施最初都会得到人们的响应和支持，被认为是大胆而必需的。但是，这四个人最终却很意外地丢掉了他们的工作。他们都没能有效地将他们所承诺的改变进行到底。

除此以外，他们还有其他的共同点。他们都是身份特征维度的受害者，他们在对各自公司身份特征重要性的理解和认识上都出现了失误。他们每一个人都深受身份特征问题的困扰，并因为没有重视身份特征问题而遭遇了失败。在公司内外看来，他们的努力都对公司的灵魂产生了不利的影响，因而遭到了公开的抵抗。这四位高管最后发现，他们自己的想法与公司以及公司里的其他人的想法不一致。在这四个案例中，当他们主动进行的变革措施停滞不前时，就引起了公众对此的争论。他们公司的业绩也因此受到了影响，股票价值大幅缩水。尽管这四位领导者被董事会免职显得过于仓促,但是他们的免职在公众看来却是合理的、期待已久的。他们的命运表明在重要投资者的眼里,当公司的核心身份特征受到威胁的时候,CEO仅仅依靠战略眼光以及组织结构和体系的设定是远远不够的。要想在这种情况下取得成功就需要管理者具有其他一些意识和技能,即确认、理解并能管理公司身份特征的意识和技能。没有这些,领导者将会成为身份特征维度的受害者。有了这些,他们就可以更好地避免菲奥莉娜所遭遇的不幸命运。

卡莉·菲奥莉娜

1999年7月20日,路易丝·卡霍(Louise Kehoe)在《金融时报》中写到:"惠普已经任命了美国顶级的商业女性,一个在高科技领域最具竞争力的人,做它的总裁。"[1]几天之后,《商业周刊》这样写道[2]:

卡莉·菲奥莉娜毕业于中世纪历史和哲学专业,她能在这个载入史册的工程公司里取得成功吗?惠普的招聘委员会成员说没有比她更合适的人选了。领导人吉恩(Ginn)、汉可博恩(Hackborn)和现任CEO刘易斯·普拉特(Lewis E. Platt)在做出这个决定之前,列出了他们认为新CEO需要具备的、他们也很欣赏的20个品质。然后,他们将其压缩成四条必需的标准,这四条都是卡莉·菲奥莉娜的强项:卓越的领导能力、前瞻眼光及制定总体战略的能力,优秀企业的管理能力和理财能力,强烈的进取心、竞争能力与活力,网络市场的开发经验以及管理拓展新市场的能力。吉恩说委员会对300个潜在的求职者进行了考察,其中有四个"已经是非常优秀的CEO了",包括进入最后名单的惠普的执行副总裁安·利弗莫尔(Ann Livermore)。"但是卡莉是最好的,"吉恩说。"我们把她看做惠普的CEO已经有很长一段时间了。"

2005年2月10日,斯科特·莫里森(Scott Morrison)在同一份报纸上写道:"惠普公司昨天将卡莉·菲奥莉娜的总裁和CEO的职务解除,结束了她在这家电脑和打印机公司中长达5年半的充满争议的任

第4章 身份特征维度管理的失败者

期。"惠普的股票在资本市场中度过了一年多的蜜月期后，市值缩水了很多（如图4—1）。

惠普—纽约证券交易所(1999年7月30日—2005年2月28日)

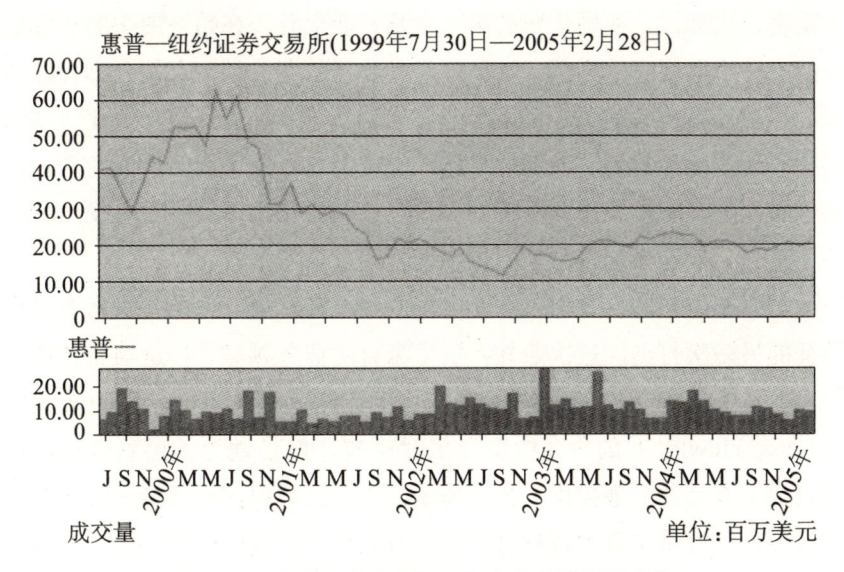

图 4—1　卡莉·菲奥莉娜任期内惠普的股票走势

数据来源：Datastream.

一位非常优秀且在《财富》杂志"最强势商业女性"[3]排行榜中占有一席之地的高管怎么会在几年之后遭遇惨败，被如此公开、丢人地解职呢？

许多评论员马上对菲奥莉娜的解职做出了评论，认为她被解职是因为战略上[4]的和经营上的决策失误造成的。很少有人去关注这个案例中更深层次的心理原因。[5]在许多方面，菲奥莉娜与公司的其他人在对公司本质的认识上不一致。甚至，菲奥莉娜的薪酬体系都与创始人主张的平等主义不一致。[6]董事会将一个技术公司交给一个具有营销技能但却没有技术背景的外行，这冒了很大的风险。菲奥莉娜要想融入到公司中，也肯定是相当困难的。况且这个公司已经由其创始人掌管了40年（1938—1978），此后的两位总裁约翰·杨（John Young，1978—1992）、L. 普拉特（Lew Platt，1992—1999）也都是在创始人的培养下成长起来的，都具有工程背景，对惠普之道也做出了自己的贡献。

在她的任期内，菲奥莉娜主动进行了几次改革，这些措施使员工之间进一步疏远，并且公司内外的人认为这些措施对惠普公司的本质造成了损害。比如说，在她任职的第一个月，菲奥莉娜在帕洛阿图的车库前发起了一个电视广告竞选。这里曾经是公司的两位创始人创办惠普的地方。尽管菲奥莉娜的目的是重申公司的创新传统，而且她在商业活动中的核心地位已经得到了内部的承认，她可以自行使用创始人的遗产。但将创始人的名字从公司的标识中去除，只保留首字母的决定也发出了另一个信号，即菲奥莉娜已经不再强调公司的根本了。

与康柏公司的合并引起了非常多的争议和麻烦，这也是对惠普身份特征的另一次打击。这次兼并扩展了惠普的业务领域[7]，这与公司通过技术变革保持差异性的承诺相悖。尽管菲奥莉娜在与沃尔特·休利特（Walter Hewlett）的争夺中赢得了代理权，但是她为了得到合法的胜利付出了高昂的心理代价。在这场争论中，公司内部的很多人都认为沃尔特·休利特是惠普之道的合理而又具有英雄气概的代表，他正在与被雇用来的外来者菲奥莉娜进行战斗。在合并之后宣布裁员15 000人的消息对一向被看做神圣不可侵犯的终身雇佣制产生了很大冲击，而终身雇佣制也是惠普之道的重要特征之一。

沃尔特·休利特出售了他父亲所掌握的大部分股票份额，而公司也失去了近20名高管，这些人都是前惠普的员工。[8]他们有些是自愿离职，有些是被迫辞职。沃尔特·休利特和高管的做法加深了菲奥莉娜和这个曾经任命她做领导的公司之间的分歧。随着她在公司内部合法地位的严重弱化，惠普的业绩也处于快速的衰退中。越来越多的人对菲奥莉娜的领导力产生了质疑，最终导致了她被解职。

菲奥莉娜的故事表明，当引入意义深远的战略和组织变革时，一个深深植根于自我意识之中的公司是如何偏离正常发展轨道的。在这个过程中甚至连最有经验的高管都容易犯错误。具有讽刺意味的是，菲奥莉娜曾经将戴维·帕卡德（David Packard）所写的《惠普之道：我和比尔·休利特如何了创建我们的公司》（*The HP Way: How Bill Hewlett and I Built Our Company*）一书读了四遍。[9]尽管菲奥莉娜把这本书反复读了很多遍，也很真诚地公开声明她对惠普之道的尊重，但是她似乎并没能从个人角度和情感角度与这种使惠普公司有别于其他科技公司的企业精神联系在一起。

我们应建议菲奥莉娜向惠普之道低头认错，放弃她被任命时被赋予的使惠普重新光大的使命吗？当然不。但是我们认为，如果她充分认识到身份特征维度的重要性，那么她就会以一种完全不同的方式来完成使命。在第9章中，你将会看到一些其他领导者的例子。他们面临的处境与菲奥莉娜是类似的，但他们却十分有效地管理着身份特征维度，并取得了令人印象深刻的成绩。

让-马里耶·梅西尔

1996年的法国通用水务公司（CGE）是一个结构复杂的公司。它在全球拥有2 100家子公司和250 000名员工，业务范围非常广，包括自来水（它原始的核心业务）、废物回收、电力生产、城市运输、教育、医疗、娱乐、餐饮、电子通信和房地产等。

CGE的起源要追溯到1853年，拿破仑三世发布政令促使它合并。在合并之后不久，CGE就获得了为里昂（1853年）、南特（1854年）、巴黎（1860年）以及巴黎周边社区（1869年）等地方长期供应自来水的合同。公司于1880年得到了威尼斯的合同，此后它便开始走向世界。随后它还获得了君士坦丁堡，也就是今天的伊斯坦布尔（1882年）的合同，以及为葡萄牙的波尔图市（1883年）供应自来水的合同。

1996年，CGE公司网络的核心人物是已经76岁的盖伊·德如阿尼（Guy Dejouany），他自从1950年进入公司后就带领公司发展、拓展多元化的业务。他在1976年时成为了公司第八任总裁兼CEO。在他担任领导者期间，自来水业务所带来的收入占公司总收入的46%，其他的收入主要来自建筑（28%）和能源（12%）。德如阿尼努力使公司与国内以及当地政府保持密切的联系，以维护为这些地区提供除了自来水以外的业务的长期合同，比如废物回收、学校膳食服务、殡葬服务、供暖服务等等。他始终坚持用从为政府服务所收取的现金流去投资电视、广告、出版和电子通信等行业以及 CGE 涉足的其他领域。

在保持发展并持续盈利近 20 年之后，德如阿尼发现他已经陷入了反对力量的重围之中。他和他的助手被地方政府指控腐败，并开始接受调查。在他任命的继任者监管公司期间，房地产子公司陷入了财政赤字，并且因为虚假报告被证券监管部门检查。1995 年，公司报告亏损 7.23 亿美元，是自从 1945 年以来的首次亏损。在同一年，公司的总负债高达 105 亿美元，总计占到了所有者权益的 125%。

为了应对这一情况，已经做了两年执行总裁的让-马里耶·梅西尔于 1996 年 6 月取代了备受争议的德如阿尼，出任公司的 CEO。随后的几个月里，梅西尔对公司进行了大刀阔斧的改革，以试图修复公司的资产负债表。他设想公司应该有两大核心业务：公共事业服务和电子通信业，进而将非核心的业务资产剥离，并用这些资产去抵消公司的负债。在操作层面，梅西尔设计了正式的公司结构，有着清晰的财务报告和问责制。为了恢复 CGE 的公司名誉以及保证 CGE 原来的业务正常发展，梅西尔还雇用了前任助手去巴黎检察院[10]周旋，并对员工处理顾客（主要是市政当局和供应商）问题进行监督，加强道德约束的力度。

梅西尔上任初期得到了法国内外的一致称赞。《纽约时报》的约翰·塔利亚布（John Tagliabue）以《新总裁为老企业带来了生机》为题对梅西尔进行了长篇报道[11]，其中写到："梅西尔先生是年轻人的优秀榜样……是欧洲不断进步着的现代管理者。"股票市场也因此受到影响，更加增强了对这位受到普遍欢迎的年轻 CEO 的支持（如图 4—2）。

梅西尔的第二阶段任期是一个没有英雄印记的阶段。这个阶段是从 1998 年梅西尔决定将公司的名称 CGE 改为威望迪开始的。[12]那时，网络经济泡沫正在膨胀，"旧经济"业务突然落伍了。梅西尔的公司拥有电视、出版、互联网接入、固定电话和无线电话等业务。公司梦想建立一个"纵向一体化的全球传媒娱乐公司"。名字的改变标志着 CGE 公司进入了一个新时代。为了实现自己的设想，梅西尔撤销了其他非核心资产，并将威望迪环境集团（Vivendi Environnement）所拥有的一些公共事业业务进行了组合和剥离。新的威望迪集团遭遇沉重打击源于

第4章
身份特征维度管理的失败者

图 4—2 梅西尔第一任期内威望迪公司的股票价格走势

数据来源：Datastream.

2000年6月对加号频道（Canal+，法国付费电视商的领军者）和施格兰公司［Seagram，环球电影（Universal Studios）和环球音乐（Universal Musics）的所有人］进行了出人意料的兼并。用梅西尔自己的话说，威望迪环球公司（Vivendi Universal）最终"将会成为世界上最好的公司，在任何时候、在世界任何地方，它都可以通过自己的发布平台和技术，为消费者提供个性化信息、娱乐和服务。"[13]

两年后，威望迪宣布它亏损了130亿美元，这创下了法国公司亏损的历史纪录。它的股票资本总额也缩水70%。在宣布与环球公司进行合并之后，它的股票业绩与市值之间的差距进一步加大（如图 4—3）。

在犹豫了三个月之后，公司董事会终于决定免去梅西尔总裁的职务。那么，问题到底出在哪里呢？

梅西尔和一些评论者都在网络经济泡沫破灭和网络概念股受挫的时候抱怨威望迪股票业绩不佳。其他的评论家意识到根本原因在于威望迪过高的收购价格而引起的大量负债以及对资产负债表的高期望的压力。还有一种观点认为梅西尔花费了太多时间来处理那些他认为可以超过拉扎德（Lazard Freres）的交易活动，而忽视了这些决策的执行力。虽然这些解释都可能是正确的，但我们依然相信梅西尔仍然是公司身份特征

威望迪环球（2000年6月2日—2002年8月30日）

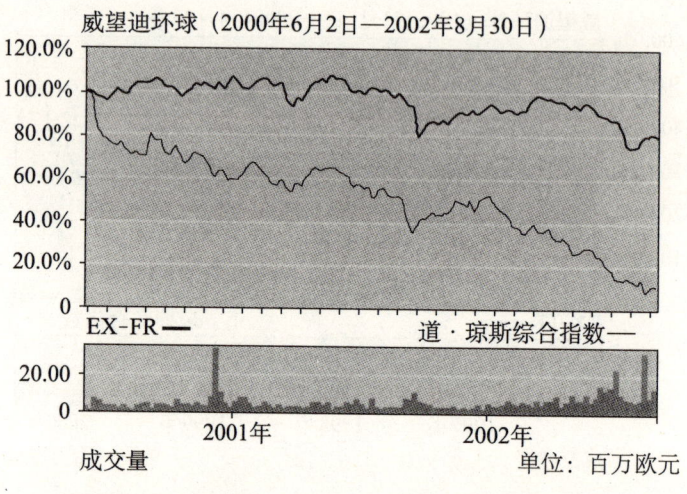

图 4—3　梅西尔第二任期内威望迪的股票价格走势

数据来源：Datastream.

问题的受害者。他并不擅长处理公司身份特征，也没能很好地应对身份特征问题。

2001年7月，正值威望迪和施格兰合并一年之际，梅西尔与欧洲和美国的管理机构进行了几个月的交涉后，决定举家搬迁至纽约，并打算在美国的公司总部度过后半生。这个决定在法国被看做是计划将威望迪转变为美国公司的一个步骤。时装摄影师贝蒂娜·瑞姆斯（Bettina Rheims）曾经是梅西尔被授予"荣誉军团"勋章的典礼主持。"荣誉军团"勋章是法国最高的荣誉。贝蒂娜·瑞姆斯表达了法国知识界对此事的反应：

当一个法国人说："我想建立一个国际公司，以传播多元文化为主要目的"，我们会为此感到高兴。但是，我们每个人都有这种沙文主义，我们希望这个庞大的企业仍然保持法国的身份，并且它的总裁应该用他所有的能力帮助法国的艺术家们重新赢得在世界上的一席之地，在一定程度上也可以说是赢回他们曾经失去的地位。[14]

这个公司的历史与法国有着非常密切的联系，而且包含了许多法国文化，但梅西尔并没有做任何努力来消除大家对他将公司美国化的担心。梅西尔还于2001年12月在纽约与巴瑞·迪勒（Barry Diller）的联合记者招待会上[15]发表声明，这使得问题进一步复杂化了。他说："法国的文化独特性已经消亡了。"[16]这份声明迅速地转播到了法国媒体中，并引发了来自政府官员、知识分子、艺术家和员工一连串的愤怒反应。工会代表杰拉德·肖莱（Gerard Chollet）明确指出："我们不喜欢美帝国主义。因此，当一个法国人成为这种帝国主义的捍卫者时，我们就更不会喜欢他了。"[17]运河影片公司是威望迪的一个子公司。曾经为运河影片公司制作过几部电影的制片商弗雷德里克·杜马斯（Fréderique Dumas）说："这使我有一种被背叛的感觉。将公司搬往纽约实际上是在公司内部将美国人置于更高的地位，梅西尔先生正在把威望迪带入反对法国文化的'特洛伊木马'之中。"[18]

梅西尔的主张使得威望迪远离了法国文化，并且他也并没有从美国观众那里得到更多的支持，因为环球电影的员工并不喜欢被法国公司所控制。另一方面，威望迪环境集团的公共事业全部被剥离，变成了从布朗夫曼家族手中兼并的施格兰公司的一部分。这也是梅西尔向美国的投资者承诺经营单一业务公司所必须做的。但遗憾的是，法国的当权者并不喜欢这个完全从公共事业领域抽身出来的想法。时任法国总统希拉克曾对此很明确地表示[19]：

我听说威望迪环境公司的消息后，感到很担忧。这个公司向法国大部分地区和居民提供自来水。它是公共服务不可或缺的公司。对于错误地将它处理掉，人们应该更加谨慎地对待。

梅西尔发现自己陷入了法国和美国就有关威望迪本质的争论之中。他没有意识到他的选择已经引起了太多关于他和公司身份特征的问题。他不能对威望迪是谁这个问题给出满意的答案。最终，他和他的公司在美国看来太法国化了，在法国看来又过于美国化。

威望迪的经历表明低估身份特征维度的重要性是十分危险的。公司身份特征在公司内外支持者中间都应该有一个设定好的印象。领导者应该对公司身份特征危机更加敏感。要在不同的部门中建立一个可行的组织，不仅仅要采用卓越的财务制度、不凡的战略和改变名称等方式，它还要求将不同背景、不同部门和国家的人们融合到新公司中，并对新公司有共同的理解。

托马斯·米德尔霍夫 >>>>

2002年7月以让-马里耶·梅西尔的离职开始，以他的好朋友和支持者托马斯·米德尔霍夫辞去德国媒体巨头贝塔斯曼集团总裁而结束。重新来看一下当初任命米德尔霍夫担任德国最古老也是最大的公司总裁的理由。马休·卡尼辛内基（Matthew Karnitschnig）和尼尔·鲍德（Neal Boudette）在《华尔街日报》中写道[20]：

1997年时，没有任何人对任命托马斯·米德尔霍夫为贝塔斯曼集团的总裁有异议。44岁的米德尔霍夫先生的工作能力能够胜任这个职位，并且似乎可以很好地体现这个德国媒体巨头力图达到的本质——在坚持公司引以为豪的传统业务的基础上进行高瞻远瞩的发展。

《金融时报》对2002年7月28日米德尔霍夫突然辞职的原因进行了分析[21]：

据说公司的控股股东德国莫恩（Mohn）家族及其掌门人莱因哈德·莫恩（Reinhard Mohn），还有它的慈善机构投资者已经不再对米德尔霍夫先生抱有幻想了。他曾经表达过自己想将德国公司变为跨越大西洋的超级媒体公司的野心。但监事会和莫恩家族已经对这位高管失去了耐心，公司内部也认为他已经渐渐地与公司不相容了。

为什么米德尔霍夫四年前似乎表现得很好，最终却表现得与公司不相容而离开呢？要想理解这个问题，就必须要了解一些贝塔斯曼集团的背景知识。这个公司于1835年在德国北部小镇居特斯洛（Gütersloh）由印刷工人卡尔·贝塔斯曼（Carl Bertelsmann）创建。贝塔斯曼的第一本书是《基督教圣歌与赞美诗集》。他用他的出版计划来支持明登-拉文斯堡（Minden-Ravensberg）的新教徒大觉醒运动。他也出版一些普通教育书籍和两份报纸。其中《威斯特伐利亚新教徒月刊》成为觉醒运动中最重要的期刊。这份期刊一直出版到1929年。从一开始，卡尔·贝塔斯曼便很自然地关注并参与社会活动：身为居特斯洛教会会长和市政委员的卡尔·贝塔斯曼在社会活动中非常活跃，他组织社区福利事业，并捐助成立了Evangelisch-Stiftisches高级中学（当地的新教徒

第4章
身份特征维度管理的失败者

中学）。[22]

自从建立以来，贝塔斯曼公司就坚持将公司经营与虔诚的基督教信仰保持协调一致。今天莱因哈德·莫恩将这种信念变得更人格化了。他是卡尔·贝塔斯曼的曾孙，他使得公司在第二次世界大战后重新发展起来。[23]公司成立后若干年，贝塔斯曼家族由于它的社会良知赢得了社会的尊敬。到19世纪末，公司已经成为德国最早提供公司退休金和残疾基金的公司之一。后来，贝塔斯曼又引入了带薪休假和其他一些福利。[24]

公司的所有制和治理结构都反映了卡尔·贝塔斯曼的信仰，即金钱一定要成为产生社会公益的手段。莫恩家族依然掌握着公司17.3%的股份，但是公司的大部分股份（57%）是由慈善机构贝塔斯曼基金会掌握的。贝塔斯曼基金会和莫恩家族的投票权结合在一起，由贝塔斯曼管理公司掌握。[25]

在米德尔霍夫打算将贝塔斯曼集团发展成为全球传媒网络集团的时候，他与构成贝塔斯曼本质的信仰和实践发生了冲突。为了实现业务间的相互协调，米德尔霍夫试图在公司中引进中央集权化，但公司原有的分权化和企业家精神是神圣不可侵犯的。[26]公司里的人们已经对分权制形成了根深蒂固的共识。当米德尔霍夫公开宣称出售有利可图的报纸以增加购买网络等相关业务的资金时，他就已经与其他人疏远了，因为这件事情从没有在内部讨论过。[27]

米德尔霍夫努力使贝塔斯曼成为一个传媒娱乐公司，他想结束公司传统的教育书籍出版业务，并且决定将贝塔斯曼的施普林格科技出版集团（Springer Verlag）售出，这是一家以学术期刊和教材为主的出版集团，它也被看做是公司将追逐利润和社会公益较好结合的典范。尽管这个公司是盈利的，但这依然不符合米德尔霍夫的构想。[28]

米德尔霍夫努力使贝塔斯曼公司成为全球性的公司。他公开发表声明，目标直指公司的德国性。他的声明在《纽约时报》引起了回应："传媒巨头贝塔斯曼集团的总裁托马斯·米德尔霍夫意欲澄清这样一件事实：贝塔斯曼不再是一家德国公司。他说：'随着贝塔斯曼音乐集团和兰登书屋落户美国，我们真正地成为了全球化的传媒公司。'"[29]《澳大利亚金融评论报》也用类似的笔调写了如下的话：

　　托马斯·米德尔霍夫说从内心讲他是美国人。德国传媒巨头贝塔斯曼集团的这位46岁的总裁和首席执行官对美国的事情表现得很狂热。"我喜欢美国，"他说，"我认为我是一个拿着德国护照的美国人。"[30]

　　在米德尔霍夫看来，贝塔斯曼集团要完全实现他的设想，即将公司变为全球性的传媒娱乐公司，还需要一种新的所有制和公司治理结构。起初这个想法似乎得到了莫恩家族的支持，但是米德尔霍夫并没有花时间去执行它，并且他的继任者很快就结束了公开募股（IPO）计划。

　　在这四年里，米德尔霍夫在战略上、管理上以及具有象征意义的举措上使得他与公司疏远了。公司内外曾经对他寄予厚望，但是他改变了贝塔斯曼的核心和本质。米德尔霍夫的突然解职和一个改革性没有他强的CEO接任，再一次表明当改革与根深蒂固的公司身份特征相冲突的时候，激进改革的施行是如何的艰难。

菲利浦·帕塞尔

　　1997年，摩根士丹利和添惠公司（Dean Witter, Discover & Co.）宣布合并，这个决定得到了分析师和评论家的一致好评。从《华尔街日报》我们可以看出：

　　摩根士丹利与添惠公司的合并：摩根士丹利是华尔街投资银行，拥有数百家想出售证券的公司客户；而添惠是一家经纪公司，有遍布全国的小投资者网络。听起来，这次合并是非常合理的。但是在操作过程中却充满了冲突和矛盾……摩根士丹利中已久经沙场的投资银行家对如何与一个面向小投资者的公司相融合表示不满，他们认为这会玷污他们的光辉身份特征。[31]

　　合并之后的一年里，管理层级的混乱支持了怀疑者的观点并且导致了七年后菲利浦·帕塞尔的离开。他是这家主营上市交易的公司的总裁兼CEO。事实上，他遭遇了美国公司史上史无前例的公众性反对。

大多数观察家将并购后的问题归咎于帕塞尔和摩根士丹利前任领导者约翰·麦克（John Mack）之间的权力争夺。另一种观点则强调是由贵族投资者与添惠公司的零散的推销人员之间的文化差异造成的。第三种观点认为问题的根源可能是两个公司之间薪金待遇有较大差距。尽管这些观点每一个都有它自己的合理之处，但我们仍然相信摩根士丹利高层人事的巨大变动是由于菲利浦·帕塞尔没能很好地意识到并充分解决投资银行家对摩根士丹利的认识问题，即摩根士丹利正在丧失它"精英投资"的身份特征，"摩根士丹利"的名字被添惠公司盗用了。

危险的种子在一开始合并时就已经种下了。尽管摩根士丹利的前总裁约翰·麦克和理查德·费雪（Richard Fisher）积极推进合并，但是前添惠公司总裁兼CEO帕塞尔却成为新公司的总裁。《华尔街日报》猜测这个决定可能标志着合并双方希望能实现"平等的合并"。而且双方在最初阶段达成了非正式协议，即帕塞尔为了表示对约翰·麦克的尊重，将在就任5年后辞职[32]，而且，约翰·麦克作为董事长继续全面掌管投资银行业务。

但是，这种被内部人称为"和平共处"的思想在两位领导人之间逐渐发生了变化。帕塞尔开始参与管理投资银行业务，并辞退了直接受麦克领导的几个重要的高管。由于自己的权力空间被有预谋地蚕食，麦克于2001年1月正式辞职。他的离开激起了一连串愤怒的反应，这也导致了四年后帕塞尔的离开。麦克以胜利者的身份重新成为了摩根士丹利的总裁。

约翰·麦克的辞职导致了投资银行中资深员工的严重流失。管理层的流失和不佳的股票业绩（如图4—4）导致了一批已经退休的摩根士丹利的元老（"八大坏脾气老头儿"）开始努力地游说董事会解聘帕塞尔。

作为回应，董事会公开声明他们对帕塞尔的支持，并要求反对者冷静，但是这些都徒劳无功。董事会最终听从了反对者们的意见，于2005年6月接受了帕塞尔的辞职。此外，尽管最初并没有打算这么做，董事会还是再次启用了约翰·麦克。这也标志者摩根士丹利从添惠公司的身份特征中解脱出来，重新恢复了它的历史身份特征。投资银行家对麦克的归来表示了热烈的欢迎，并且迅速地解聘了那些由帕塞尔任命的在关键职位上的前添惠公司高管。麦克随后带回了之前和他一起去瑞士信贷第一波士顿银行的原摩根士丹利的资深员工。[33]为了表明摩根士丹利已经回来了,麦克还换掉了公司曾经在股票市场上使用的股票代码MWD[34],取代它的是MS. Mack,这也表明他将要提升合并以后公司的业绩[35],人们似乎很喜欢新的摩根士丹利,这种喜欢也反映在股票业绩的增长上(见图4—5)。

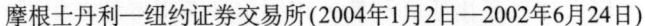

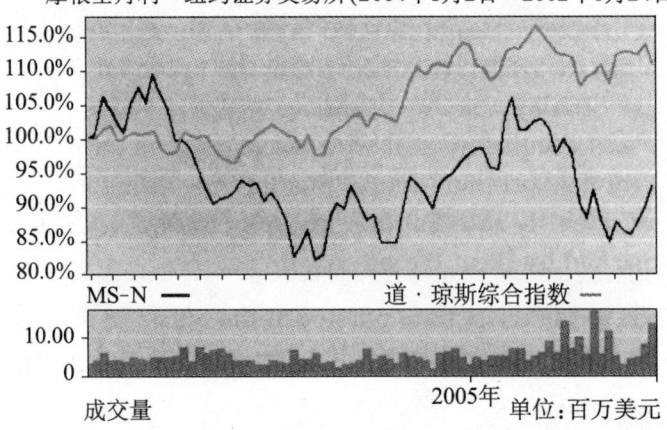

图4—4 菲利浦·帕塞尔任期内摩根士丹利的股票价格走势
数据来源:Datastream.

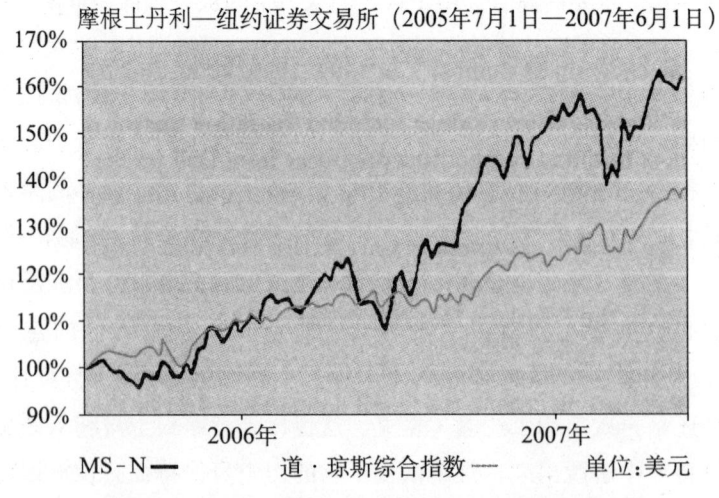

图4—5 约翰·麦克任期内摩根士丹利的股票价格
数据来源:Datastream.

第4章 身份特征维度管理的失败者

这个例子表明了合并后的整合过程没有反映两个公司的身份特征的相互作用时所带来的后果。在这个案例中，摩根士丹利的身份特征显然比添惠公司的身份特征要更有威望和吸引力。但是，新的公司治理结构却是由添惠公司掌控的，这就使人们产生了一种被强行接管的印象，而不是所宣称的"平等合并"。如果这场交易的策划者意识到了身份特征维度的重要性，他们可能会选择另一种公司治理模式，使得双方各自都能保持自己的身份特征，或者使得添惠公司整体并入摩根士丹利，由摩根士丹利的管理团队掌管。

注释

[1] *Financial Times*, July 20, 1999: "Prime Job for Outsider at Hewlett-Packard."

[2] *Business Week*, August 2, 1999: "Carly Fiorina's Challenge Will Be to Propel Staid Hewlett-Packard into the Internet Age Without Sacrificing the Very Things That Have Made It Great."

[3] 菲奥莉娜在1998年、1999年、2000年和2001年均被评为第一。

[4] 这些战略上的失误包括兼并康柏的决策失误、个人电脑业务中来自戴尔持续不断的竞争压力，以及在企业进取心方面与IBM的差距。

[5] With the notable exception of Gary Rivlin and John Markoff of the *New York Times* in their piece "Tossing Out a Chief Executive" published in the February 14, 2005, issue.

[6] 通过芮芙林（Alice Rivlin）和约翰·马科夫（John Markoff）在《纽约时报》（2005年2月14日）引用的资料中可以看出，董事会答应给她300万美元的奖金和价值6 500万美元的股票以及每年不低于225万美元的薪金。董事会还同意支付将她52英尺的游轮从东海岸运送到旧金山湾的费用。

[7] 这次兼并使得惠普公司进入了商品生产领域，商品生产领域的竞争优势主要依靠降低成本、精简组织结构和裁员。

[8] *Fortune*, February 7, 2005: "Why Carly's Big Bet Is Failing."

[9] 这种说法来自"Backfire: Carly Fiorina's High-Stakes Battle for the Soul of Hewlett-Packard"一书的作者Peter Burrows。

[10] "Procureur de Paris" in French.

[11] The *New York Times*, October 14, 1997: "New Wave Chief Brings Life to a Creaky Conglomerate."

[12] 这项提议共花费了6 000万欧元。

[13] 2001年任高盛集团（Goldman Sachs）总裁。

[14] Johnson, J., and M. Orange, 2003. *The Man Who Tried to Buy the World*. London: Penguin Books, p. 9.

[15] 在记者招待会上宣布了美国网络（USA Network）与威望迪环球公司合并，任命巴里·迪勒（Barry Diller）为威望迪在美国所有的娱乐公司的总裁。

[16] The *New York Times*, December 24, 2005: "Remark by Vivendi Chief Unnerves French Film Industry."

[17] The *Wall Street Journal*, January 4, 2002: "A French CEO's Taste for America Is Hard to Swallow Back Home—Move to New York Was Faux Pas for Vivendi's Mr. Messier."

[18] 同上。

[19] *La Tribune*, May 24, 2002.

[20] The *Wall Street Journal*, July 30, 2002: "History Lesson: Battle for the Soul of Bertelsmann Led to CEO Ouster."

[21] *Financial Times*, July 29, 2002: "The American Dream That Ran into Reality."

[22] Source: www.bertelsmann.com.

[23] 贝塔斯曼集团曾经因为莱因哈德·莫恩的父亲海因里希·莫恩（Heinrich Mohn）是虔诚的基督教徒而被纳粹党强行关闭。它在居特斯洛的设备1945年被英国航空公司强行接管。

[24] The *Wall Street Journal*, July 30, 2002: "History Lesson: Battle for the Soul of Bertelsmann Led to CEO Ouster."

[25] Source: www.bertelsmann.com.

[26] From the *Economist*, November 7, 1998: "Reinhard Mohn developed the doctrine after observing American Business. The bosses of Bertelsmann's divisions have accordingly been encouraged to operate as independent entrepreneurs, with their eyes fixed on their own profitability, not that of the company as a whole."

[27] The *Wall Street Journal*, July 30, 2002: "History Lesson: Battle

for the Soul of Bertelsmann Led to CEO Ouster."

[28] The *Wall Street Journal*, July 30, 2002: Ibid.

[29] The *New York Times*, September 3, 2000: "Not Quite All-American, Bertelsmann Is Big on U. S."

[30] The *Australian Financial Review*, May 8, 2000: "The Other Wunderkinder."

[31] The *Wall Street Journal*, February 6, 1997: "The Morgan Stanley/Dean Witter Merger: Conflicts of Cultures Could Occur."

[32]《华尔街日报》2001年1月25日提到了这个非正式协议，但是帕塞尔和麦克都对此表示否认。

[33]*Financial Times*, January 7, 2006: "Mack Brings Back Morgan Stanley Veteran."

[34] *Dow Jones International News*, Janusry 11, 2006: "The New York investment banking giant has used the MWD symbol since Chicagobased Dean Witter acquired it in 1997. Veteran bankers have persisted in using MS as internal shorthand, and asked new Chief Executive Officer John Mack shortly after he arrived in July to change the ticker symbol, according to company insiders."

[35] 分析师中比较常见的观点就是零售的经纪业务和信用卡业务主要来自原来的添惠公司，它们是投资银行业务的负担，应该全部售出。

第5章　融合还是不融合：并购中的身份特征整合

两个公司合并了。战略协同和成本节约方案已经确定，财务预期也是乐观的，股票市场对此的反应也很热烈。作为整合工作小组的领导者，你的工作就是做合并工作。你将面临不同但又相关的两个问题，它们都涉及了身份特征问题。首先，你是想把两个公司身份特征融合到一个身份特征当中，使双方中的大多数都接受呢，还是依靠最小化协调机制？第二，如果你决定融合，怎么才能有效地完成它？这是领导者在并购时遇到的两个最具挑战性的问题。要想解决这两个问题，我们首先来分析一系列案例，这些案例中人们并没有很有效地解决这两个问题。然后我们会引入一系列解决方案，可以用来权衡不同的身份特征整合问题，然后针对你所遇到的情形，从中选一个最适合的解决方法。

当调味品变质的时候：以戴姆勒—克莱斯勒为例

就像成功调制荷兰酱一样，一次成功的合并不仅仅是几种必要因素的简单组合。而领导者就像厨师一样，必须非常了解这些要素如何才能更好地融合搭配，比如合并的时间以及火候的掌握就非常重要。如果不了解这些，调味品就可能变味，就像案例中的戴姆勒—克莱斯勒一样。

德国戴姆勒—奔驰汽车集团经过近十年的侵略性和全球性扩张之后，于1998年与克莱斯勒公司合并，改名为戴姆勒—克莱斯勒公司。约尔根·施伦普（Jürgen Schrempp）于2005年7月被迫离开了CEO的位子。他的离职再次表明了即使再出色的管理者也可能忽视身份特征维度问题，这是他们自己会遭遇的最大威胁。

施伦普2005年7月底发布了离职声明，《金融时报》的雷克斯专栏随即对此进行了尖刻的评论[1]：

施伦普先生可能想让大家记住他建立了一个全球性的集团，号称"世界股份公司"。但是与他关系更为密切的应该是一连串的财务灾难：克莱斯勒公司、日本三菱汽车、斯马特、德国国家车辆收费系统，甚至连戴姆勒—奔驰品牌也都难逃质量问题的困扰。

监事会怎么会完全不考虑自1995年以来他所做的一切，而将这位欧洲最受拥戴的首席执行官突然辞退呢？1961年，这位前机械师16岁时就进入了戴姆勒—奔驰公司，后来被任命为公司总裁。他着手做了一项令人吃惊的扩张计划，这个计划的目标是使集团生产小轿车和商用汽车。2002年公司网站上的一份声明解释了施伦普想让人们如何来看待合并后的戴姆勒—克莱斯勒集团：

我们的目标是做一个汽车产品和运输服务的全球供应商，为我们的顾客、我们的员工和我们的股东创造更优的价值。

为了实现他的愿景，施伦普在1998年花了360亿美元收购了克莱斯勒公司，并且因为运作了历史上最大的并购案而得到好评。[2]为了增加亚洲部分以达到做全球领头羊的目标，在1990年施伦普又斥资21亿美元买下了正处于困难时期的日本三菱汽车34%的股份，随后又花了4 280万美元购买了韩国大宇汽车10%的股份。施伦普非常有效地摆脱了戴姆勒—克莱斯勒集团没有核心业务的缺点，将新戴姆勒—克莱斯勒集团的重点放在汽车生产和相关的运输服务上，比如德国国家车辆收费系统等业务。但是他并没有成功地实现他预期目标的另外两个部分：建

第5章
融合还是不融合：并购中的身份特征整合

立一个**全球化且盈利的**强大企业。

要建立一个全球化的、能够和丰田汽车、通用汽车或德国的主要竞争对手大众汽车相抗衡的汽车公司，施伦普仅仅完成了第一步，也是这项工作中最简单的部分，即花大量的钱去并购。他不能完成第二步，也是更为困难的一步，即将经典的德国戴姆勒—奔驰与偶像型的美国克莱斯勒汽车以及日本的三菱汽车有效地整合在一起。

要想将这三者有效地整合成一个真正的全球性公司，施伦普必须要建立真正全球化的公司治理结构以及管理团队。但是，尽管他声称克莱斯勒的交易是"平等合并"，但他却将克莱斯勒前任高管以及资深的管理者全部解雇，换成了德国人。为了化解克莱斯勒对德国人的到来而产生的反感，施伦普公开宣称他之所以有意用了"平等合并"这个词就是为了使并购协议顺利执行，实际上这并不是真正的平等合并。[3]

新的戴姆勒—克莱斯勒集团具有毋庸置疑的德国性，这主要从两个数据中可以看出。首先，当全球半数以上的公司员工都在德国之外工作时，公司的总部却仍然在斯图加特，由施伦普领导的、100%的德国人组成的管理委员会掌控着。第二，在收入方面，2004年德国的收入为1 240亿欧元（1 690亿美元），占总收入的1/5，而北美自由贸易区的收入为732.6亿欧元（1 000亿美元），欧洲为473.9亿欧元（645亿美元）。[4]

当面对分别来自克莱斯勒、戴姆勒—奔驰和三菱公司的员工时，施伦普怎样才能使他们充分意识到应向一个方向努力，而不是感觉被殖民了呢？因为他一直忙于"高级作战室"[5]的战略部署而对人员方面的问题没有投入多少精力，所以，他对这个问题不能给出一个满意的答复。与其给予股东一个夸大的价值，施伦普宁愿缩减资产价值。在他的运作之下，戴姆勒—克莱斯勒集团的总价值反而没有合并前的戴姆勒—奔驰的价值高。[6] 2007年5月1日在将克莱斯勒的主要所有权和控制权转移给私人企业赛伯乐（Cerberus）之后，便宣告了这个痛苦的战略计划以及财务制度在身份特征维度的浅滩上触礁搁浅了。

施伦普没能充分意识到身份特征问题，也没有有效地对其加以解决。这与卡洛斯·戈恩（Carlos Ghosn）形成了鲜明的对比。当戈恩遇到重要的身份特征问题时，他恰当地处理了日产公司（Nissan）身份特征问题以及与雷诺汽车在选择采购领域以及新产品研发等方面的协调。两个公司的股票表现（见图5—1）也进一步证明戈恩的做法比他的德国竞争者更有效。关于他的方法我们将在第9章进一步讨论。

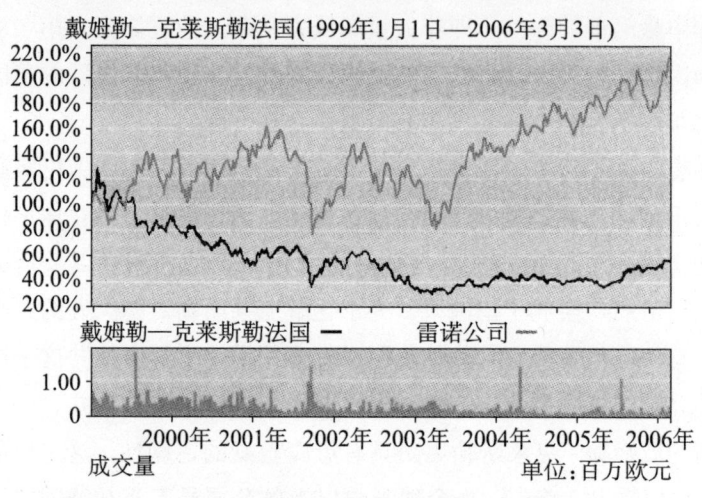

图 5—1　约尔根·施伦普任期内戴姆勒—克莱斯勒公司与雷诺公司股票价格走势对比

数据来源：Datastream。

应该遵循什么途径呢

　　如果管理者在他们努力整合并购时由于没有意识到身份特征维度的重要性而受到重挫，他们应该如何来避免呢？我们的建议是管理者应有一系列的选择去应对合并后的整合过程。这些选择应该建立在对身份特征维度问题重要性的认识基础上。从这些选择中，管理者们可以选择一条最适合他们自己处境的方法。在身份特征基础上来谈合并后的整合问题要求管理者深入考虑并决定如何来处理被合并公司的遗留问题（历史身份特征等），以及如何为未来建立一个共同体。特别需要指出的是，管理者应该问以下几个问题，并努力找出答案：

　　1. 我们能够或者愿意保存合并公司遗留下来的历史身份特征吗？或者我们需要或希望去除这些身份特征中的一部分？

2. 我们能够通过一个新的公司身份特征来建立一个共同的未来吗？或者我们应该整合遗留下来的身份特征？

表 5—1 总结了这些问题的答案，并给出了四种身份特征整合的一般模型：殖民型整合、同盟型整合、联邦型整合、共生型整合。这些模型中的每一个都对应着对合并后企业的过去和未来的共同问题不同的处理方法。我们在每个模型中都能找到与之相对应的成功整合的事例。这意味着当面临身份特征整合时，确实没有最佳途径。它还会引起咨询者或成功的高管人员对此索取高价，因为他们已经揭露了合并后的整合有效性的秘密。

表 5—1 　　　　　　　　身份特征整合模型

建立共同的身份特征 对已有身份特征的处理	通过已有的身份特征	通过新的身份特征
保留已有身份特征	同盟型整合	联邦型整合
去除已有身份特征	殖民型整合	共生型整合

殖民型整合 ▶▶▶

当一个被兼并的公司的身份特征被有意分散在新的母公司的身份特征中时，殖民型整合就会发生。这个过程是相当迅速的。被兼并的公司被剥夺了名称和视觉身份特征识别（商标标识、信笺抬头等），并且这些都要用新的母公司的身份特征来替代。这个过程传递了一个非常清晰的信号给那些被兼并公司的成员，即他们将会被调整，并且要对新的雇主忠诚。被兼并公司的解体也向外部的投资者、消费者、供应商、合作伙伴、工会、投资人、银行家等传达出一个信号，即他们从此以后将要与新的公司打交道了。

尽管关于这个过程的描述听起来好像很无情，但是它并不一定会给被兼并公司的员工以及投资者带来伤害。员工和其他投资者的反应取决于他们对被分解的公司身份特征的心理认同度有多深，也取决于新公司的身份特征对他们的吸引力和新公司的优势。举个例子来说，当微软买下一个小科技公司时，这个公司的创始人、员工、投资者和消费者可能都会被吸引，认为这次兼并是一件好事，将会很高兴地将小的、不知名的公司身份特征换成更具吸引力和威望的微软的身份特征。成为微软公司的员工对大多数被兼并企业的人们来讲，十有八九都会从心理上和经济上觉得是有吸引力的，因此他们不会为了失去的公司身份特征而感到伤心。通用电气始终坚持一套殖民型的整合措施。当通用电气买下一家公司时，不管在全球的哪个地方，它都会换下该公司的身份特征，换上自己的身份特征。这个过程在某种程度上是由于通用电气与被兼并公司之间存在很大的不对称。通用电气身份特征相对于任何它所兼并的单个公司而言都更强势、有效和显著。

对于那些购买方与被兼并方并没有明显不对称的情形，或者当这种不对称有利于后者的时候，殖民型整合便是缺乏效率的。当新的母公司和它的兼并对象无论是规模、盈利能力还是声望都旗鼓相当的时候，被兼并公司的成员和投资者就会认为他们自己公司的身份特征要比新公司的身份特征更有价值。当被兼并的公司认为新公司在某些重要方面缺乏效率时，反对新公司的力量就会进一步加强。比如说，被兼并公司的员工或消费者可能会认为新公司尽管规模很大，但是缺乏创新精神，新公司的身份特征就会缺乏吸引力或社会价值。这种情况经常发生在跨境兼并的时候。举个例子来讲，欧洲和日本的公司一直很难整合它们兼并的美国子公司，因为美国的管理者认为来自欧洲和日本的"所有者"的管理能力和经营效率并不是很高，因此他们会对将他们的公司身份特征融合到一个外国背景的企业当中感到愤怒。

同盟型整合

同盟型整合是与殖民型整合相对立的类型。在这里，合并的公司允许保留它们的历史身份特征并且不需要并入新的共同的身份特征中。这种方式只在个别有限的地方需要实现协调一致时才采用，用来维持最低水平的内部协调。

雷诺与日产以及法航与荷航的联合就是关于同盟型整合方式的很好例证。充分的并购要求最大化协调性，和追求充分的并购不同，雷诺汽车集团想寻找一种侵略性最低的方法来合并日产集团。雷诺汽车集团派了一小队法国高管和专家到日本帮助卡洛斯·戈恩来挽救日产集团。为了在采购区域上达成一致，雷诺和日产集团在荷兰依照荷兰法律建立了一个共同所有的采购公司。为了鼓励雷诺和日产双方的新产品管理者和工程师使用共同的工具和平台，又成立了特别任务小组。如果日产公司被殖民化，那么雷诺公司2004年创历史最高纪录的利润将不会出现，由法国雷诺公司前总裁兼CEO路易斯·施魏策尔（Louis Schweitzer）以及戈恩领导实施的这种整合方式被证明是非常成功的。

雷诺/日产集团的设计给法航/荷航集团实现联合起到了引导作用。这表明这个模型可以给其他的管理者以启示和引导。尽管法国航空公司在2003年就正式地收购了荷兰航空公司，但这次交易的显著特点在于荷兰航空公司可以继续保持它的名称、空运权和运输执照达8年。当法国航空的董事长让-西瑞尔·斯皮内塔（Jean-Cyril Spinetta）被问及是否会促进这两个航空公司的整合时，他这样回应[7]：

对于荷兰航空公司，我们还是非常注重实效性的。我们的集团是由两个公司组成的，这两个公司有共同的所有权，经济绩效是绑在一起的，并且由法国航空公司的总裁和CEO领导……因此我们的议事日程也是协调一致的。但是在有些地方，比如运输方面，商标是不重要的，我们正在准备向更加整合的方向努力。在客运市场方面，情况可能更复杂些。在这些方面贸然进行整合将会带来灾难性的后果。

法航/荷航的联合最初曾遭到了来自两个公司工会的抵制，因为双方的员工都很担心会失去工作。媒体也对法国航空公司是否能成功地兼并对方表示怀疑，毕竟美国西北航空[8]在此曾遭遇过失败。况且荷兰航空只是一个部分私有化的企业，并且经历过长期的亏损和政府补贴。但两年后，所有的批评和怀疑都销声匿迹了。法航/荷航集团不但盈利，而且还在这个竞争激烈的行业被冠以世界运输第一[9]的称号。值得一提的是，法航/荷航集团的股票业绩已经超过了英国航空公司，英航曾一直是欧洲其他航空公司赶超的对象（见图5—2）。

图5—2　法航/荷航公司与英国航空公司的股票价格走势对比
数据来源：Datastream.

那么，什么时候管理者可以采用同盟型整合呢？首先，他们应该对想象中的协调效果以及实现途径进行仔细研究。当收入或成本方面不需要公司在日常工作中密切联系，就能实现令人满意的协调作用时，就可以考虑采用同盟型整合。在上述案例中，宽松的策略和协调机制足以保证合并完的公司趋向同一个方向，同时还能保持合并双方的自治权和身份特征。

在经济估算的同时还要慎重考虑合并后公司之间的心理差距。尽管使雷诺和日产公司得到更多成本和收益方面的协调性从纯经济的角度来说可能是最理想的，但实际上两个公司是完全不同的。尽管两者都生产汽车，都经过几十年的发展，却各自建立了不同的身份特征，并且成长于不同文化的国家。它们各自的员工彼此不了解，说不同的语言，与不同的供应商和商业合作伙伴打交道。进一步而言，尽管当雷诺兼并日产的时候，日产正处于困境之中，但是日本的投资者并没有准备将日产的公司身份特征融于一个法国的汽车制造商中。事后来看，施魏策尔和戈恩的方法可能在更紧密的整合能取得的收益与由于两个公司的心理差距而带来的成本之间达到了最好的平衡。

尽管两个公司都是欧洲的，但法国航空公司和荷兰航空公司之间的心理和文化差异也是很大的。通过采用同盟的方法，即雷诺汽车和法国航空公司的首席执行官提出的法国式表述"友好关系恢复"（rapprochement），使双方都增进了彼此之间的了解。或许，他们也会在非正式的、个人的基础上模仿着建立一个共同的身份特征。

对于同盟型整合的运作，双方都必须了解未来的公司高层管理人员想在整合这条路上走多远。在雷诺/日产的案例中，这对于雷诺公司的管理者而言是很重要的，即在各个层面来讲都要避免以一种"征服者"的态度对待日本的合作方，尤其是在日产公司正在生死边缘挣扎的时候。现在日产公司又重新兴旺起来，比雷诺发展得还要快，重新回归了以前的繁荣。关于整合的问题对于日本的管理者也是很重要的，即要避免以傲慢自大的态度对待它的法国合作方。保持双方彼此尊重的重担就落在了双方高管的肩上。回顾我们在第4章中讨论过的摩根士丹利的例子，公司中很多混乱都反映了前摩根士丹利关键人员的感觉，即认为公司的投资银行的身份特征被来自添惠公司的高级管理人员给抹杀了。这种做法忽视了在宣布合并的时候双方对维持彼此的自治权和身份特征的承诺。

联邦型整合

联邦型整合和同盟型整合最重要的不同点在于前者在维护合并公司的身份特征的同时，还建立一个具有保护作用的总公司身份特征，每个成员公司都与之相联系并密切结合，在其中茁壮发展。联邦型整合的概念与俄罗斯套娃最为接近，每个娃娃都有自己的实体和面容，同时还与其他的娃娃装在一起。

联邦型整合方法力图找到一种新的身份特征层次以及与目前存在的身份特征密切结合的方法。大规模联邦型整合的例子就是欧盟。政治领导人在塑造欧盟身份特征的时候，没有要求或希望法国、德国或意大利的国民放弃他们的国家身份特征，采用欧盟的身份特征。当普通的市民很自然地认为他们是"法国和欧盟人"或"德国和欧盟人"时，联邦计划就取得了成功。

在商业活动中，美国强生和巴黎奢侈品牌路易威登轩尼诗（LVMH）就成功地实现了联邦型整合。强生是一个家喻户晓的品牌，同时也始终被看做是医疗保健行业的全球领军人物。它拥有200个范围广阔的拥有自治权的子公司，遍布57个国家，共有115 600名员工。[10] 强生集团的公司治理使得各个公司都在自己公司结构和身份特征下运行。2001年6月并购全球药品运送专业商阿尔扎公司（ALZA）后，整合方式正是联邦型的很好例子。并购后，阿尔扎公司仍然保持它的身份特征和管理自治权。如果不知道阿尔扎公司是强生集团的一员，那么人们很难从浏览公司的网页中确认它与强生的关系。

路易威登轩尼诗的总裁兼CEO伯纳德·阿诺特（Bernard Arnault）始终坚持联邦型整合。一方面，联邦型整合保持了公司独立的身份特征，可以仍然使用路易威登轩尼诗的品牌。另一方面，路易威登轩尼诗公司的身份特征使得阿诺特可以更加关注独立公司和品牌之间的不同组合，从而使路易威登轩尼诗在可以选择的领域内实现更好的规模经济和效益，比如有效利用分销渠道、广告、人力资源管理和金融市场。

共生型整合

共生型整合是这样一种途径：被合并公司的身份特征被全部消除，融合为一个不同于合并前的新身份特征。共生型整合的好处在于避免了两方对在合并中谁是胜者谁是败者的焦虑和不确定性。

高层管理人员为合并后的公司建立一个新的身份特征的努力形成了一个中立地带。这使得合并各方的人都忘记自己原来公司的身份特征，也可以使得一个共同的身份特征发展得更平稳顺利，所有的参与方都感觉他们有平等的话语权和贡献。

当战略和运营方面的整合最大化所带来的潜在利益很高，但被合并的公司的身份特征势均力敌的时候，管理者有必要慎重考虑共生型整合。在这种情况下，将一个公司的身份特征融合进另一个公司的身份特征中（殖民型整合）的风险是很大的。相反，管理者应该强调一个新的、中立的身份特征，其中原来拥有强大身份特征的人员和组织可以建立共同的命运和组织框架。

在制药行业，共生型整合在法国罗纳普朗克公司（French Rhone Poulenc）和德国赫司特公司（German Hoechst）的兼并案例中得到了很好的阐释。为了应付是法国公司接管了德国公司还是德国公司接管了法国公司的问题，罗纳普朗克公司的首席执行官让·雷纳·福图（Jean René Fourtou）和德国赫司特公司的总裁于尔根·多曼（Jurgen Dormann）决定建立一个新的、中立国籍的身份特征，他们给这个合并后的公司起了新的名字——安万特公司（Aventis），并将它的总部设在德法边境上，工作语言是英语，并且商定新公司800个高管职位要严格按照专业能力来安排，而不是国籍。

SSL国际公司（SSL International）是由三方合并而成的，它们是赛盾公司〔Seton，杜雷斯（Durex）保险套制造商〕、爽健公司（Dr. Scholl's，矫形鞋生产商）和伦敦国际集团（医用一次性产品生产商）。这是另一个关于共生型整合的例子。它们没有用其中一个公司的身份特征来整合其他公司的身份特征，或者让合并后的公司像同盟型或联邦型整合那样彼此之间保持一定的距离，前美国宝洁公司的营销人员布恩·巴肯（Brain Buchan）试图为合并后的公司建立一个新身份特征，并且从合并的三家公司中精心挑选了一支领导队伍。他还与欧洲工商管理学院签订合同，为他的高管团队——大约200名重要的高管人员进行培训，使他们彼此之间增进了解，并且加强他们属于同一个公司的意识。

正确看待四种模型

这四种身份特征整合模型提供了可供选择的几种途径，使得几个公司变为一个公司。每个模型都是解决保持历史身份特征与建立一个共同身份特征之间矛盾的一种特殊权衡方法。而用来说明每个模型的案例表明，当它们与合并的环境和目标相适合，而且更重要的是，当它们被始终如一地贯彻执行了时，这四个模型都是成功的。

我们对大量的并购案例进行了观察分析，发现在合并后的整合过程中普遍存在两个错误。第一个错误是在对整合后的公司进行公司组织和治理结构设计时无意中忽略了公司身份特征的问题。领导者只是过分关注合并后公司的战略和经营之间的协调和一致，而没有预先考虑到他们的决策对公司身份特征的内在影响。领导者忽略了身份特征的重要性，他们应该为此自担风险，当身份特征被忽略的时候，它不可避免地会对他们造成困扰，而且会危及他们精心准备的整合计划。

第二个错误是在整合之前宣称将使用一种模型，但是实施整合的时候却使用另一种模型。许多CEO或真诚或虚伪地宣称要采用共生型或联邦型整合，以此来掩盖殖民型整合的实质。通过使用"平等合并"等词汇，约尔根·施伦普在克莱斯勒公司的员工心中激起了一种即使不是共生型，也是联邦型整合的希望，美国的汽车制造商将保留自己的自治权、美国人的领导以及身份特征。作出这个许诺的两年之后，他承认了他的真实意图，施伦普实际上在很明显地实施殖民型整合。

要让施伦普公开承认他所宣称的整合具有欺骗性是很困难的。但是声称的整合和实际操作的整合之间不一致却是不争的事实，这是单纯为了获得公司高级管理人员对合并的认同而实施的欺骗。

为了避免发送相互矛盾的信号，管理者应该牢记：与战略和经营调整不同，身份特征调整并不是"一次性的"任务，而是一个要持续几年的过程。为了保证身份特征整合的顺利进行，我们建议管理者要动态地使用本章中所列出的模型。也就是说，管理者应该愿意并且能够在特定的环境下将身份特征整合看做是一个渐进的过程。再回到雷诺/日产公司的例子，我们可以更好地理解我们所说的渐进式身份特征整合的内涵。在汽车业发展日益全球化以及潜在的协同效益和规模效益不断扩大的环境下，两个成熟汽车制造商的整合可能是最优选择。但是，无论是雷诺还是日产公司都不能接受殖民型的安排（将日产融合于雷诺之中），或者共生型的安排（将两个汽车制造商完全整合成一个新的公司）。物质上和精神上较大的差距将不允许进行联邦型的安排，即在雷诺和日产历史身份特征的基础上创建新的身份特征和相同的管理结构。因此，同盟型整合就是目前两个公司在合作之初可以采取的合适方法之一，但显然，这并不是结束。它们下一步很可能就会向联邦型的管理结构过渡，即当两个公司保持自身的治理结构和经营自主权时，要有一个中心权力机构为两个公司做出重要决策（调整新的产品发布、更多的分享部分、更多的汽车零件的交叉配置等等）。当联邦允许双方建立足够的联系和对于共同目标的意识时，那么建立完整的共生型整合的时机就成熟了。借此，雷诺和日产将会结束作为独立组织的存在，而是作为一个纯粹的品牌存在。

这个听起来比较合理的假设的情节表明，领导者可以将身份特征整合作为一个长期过程来理解，并且可以通过选择这四种整合模型来实现理论上的协调作用和组织现实中切实可行的动态平衡，这可以使他们获益。法航/荷航董事长兼行政总裁让-西瑞尔·斯皮内塔这样对这种过程进行了说明[11]：

我们仍然会向更好的整合迈进吗？如果能够创造更多的价值的话，我们将不排除会这样做。集团未来的组织形式将依赖于价值创造，而不是事先定好的方案。我们已经创建了大约十个专责小组（货运部、客运部、地区办公室、维修部、信息技术部等），用以寻求合作的机会。为了推进我们的联盟，我们经过三年的努力已经建立了一个战略管理委员会，它由8个成员组成，4个来自法国航空公司，4个来自荷兰航空公司，其中法国航空公司的主席有主要发言权。现在这个制度运作得很好。我们将会看到自己向着一个更优秀的组织结构进发。

注释

[1] *Financial Times*，Lex Gloumn，July 29，2005.

[2] *Business Week*，September 29，2003："Stalled：Was the Daimler-Chrysler Merger a Mistake? Many Say Yes—and Call for Schrempp's Head."

[3] *Financial Times*，October 30，2000："The Schrempp Gambit—The Chairman of DaimlerChrysler Offers a Passionate Defence."

[4] DaimlerChrysler company annual report，2004.

[5] The phrase was used by Schrempp in an interview with the *Financial Times*，October 30，2000.

[6] *Business Week*，September 29，2003："Stalled：Was the Daimler-

Chrysler Merger a Mistake? Many Say Yes—and Call for Schrempp's Head."

[7] *La Tribune*,March 22,2005.

[8] 在与法国航空公司联合之前,荷兰航空公司自1993年起就一直忙着与美国西北航空公司进行战略联盟。但这次联盟是很艰难的,原因在于美国西北航空公司和荷兰航空公司之间存在很深的分歧。

[9] 根据公司2005年11月的公告来看,法航/荷航得到了航空业中最高的营业额(2004—2005年度共190.8亿欧元),同时在欧洲运输商中占据了最大的市场份额,并且在客运方面排名世界第三。

[10] Johnson & Johnson corporate Web site,March 10,2006.

[11] *La Tribune*,March 22,2005.

第6章 绳子应该被砍断吗：公司剥离的身份特征管理

2005年3月7日，《财富》杂志的肖恩·塔利（Shawn Tully）写道[1]："对那些热衷冒险的投资者来说，没有什么比那些刚从公司巨头的掌控中解放出来的新行业更富有高利润和高风险的了。"塔利在这里提到的高利润和高风险主要是由两份关于剥离业绩的截然相反的报告证明的。2002年，博思艾伦咨询公司（Booz Allen Hamilton）对20世纪90年代标准普尔500股票指数中的公司进行的232例剥离案例进行了分析。分析表明，在剥离后的两年里，只有26%的公司在指数上跑赢了大盘。[2] 另一方面，最近雷曼兄弟的策略师齐普·迪克森（Chip Dickson）对2000—2005年进行剥离的88家公司进行调查，结果发现，在剥离后的最初两年，平均有45%的公司业绩都跑赢了标准普尔指数。

这两份截然相反的调查表明剥离在很多时候是可能成功，也可能失败的，这也是由很多原因造成的，没有一个"一刀切"的理论可以对此进行充分的解释。如果没有"杀手锏"，没有唯一的驱动力来进行剥离，那么可能没有办法理解这些不同表现背后的根本原因。我们应该考虑一下身份特征维度的影响了。剥离往往是由战略和财务上的利益驱使进行的，但从更微妙同时又很重要的角度来说，管理者在计划或执行剥离时需要认真考虑因为身份特征带来的问题。

为了说明我们的观点，我们将用一些著名的例子向管理者证明在剥离过程中认真考虑身份特征的问题是很有好处的。然后，我们会对有效管理因剥离而引起的身份特征问题提出一些建议。

剥离中的身份特征维度

在研究了许多具有高知名度的剥离案例之后，我们发现了关于身份特征结果的一系列有趣的现象。在一个剥离结束的时候，我们发现被剥离出去的公司在很长时间内仍然自认为或者被外部的人认为它们仍与母公司有密切联系，即使已经正式分离很长时间，仍会因为它们的母公司而被提起。另一方面，我们还发现公司能够建立自己独立的，而且与原来的母公司完全不一样的公司身份特征。公司在两者中间处于模棱两可的境地，在一些方面已经与母公司脱离，但在有的内部人和外部人眼里，它们之间仍然存在着千丝万缕的联系。表6—1就表明了剥离时的四种动态类型。

表6—1　　　　　　剥离是如何影响身份特征的

剥离的外部影响 \ 剥离的内部影响	感觉与前公司是没有继承关系的	感觉与前公司是有继承关系的
感觉与前公司是没有继承关系的	彻底分离型	自相矛盾型（Ⅰ）
感觉与前公司是有继承关系的	自相矛盾型（Ⅱ）	藕断丝连型

藕断丝连型

通用汽车于1999年创建了德尔福（Delphi），作为一个独立的企业实体而存在。一年后，福特汽车公司仿效通用的方法，将伟世通公司（Visteon）剥离出去。有趣的是，这件事之后的六七年里，德尔福和伟世通仍然与它们各自的母公司保持着密切的联系，被认为是通用汽车或

第6章
绳子应该被砍断吗：公司剥离的身份特征管理

福特汽车剥离出去的子公司。

伟世通公司在使自己成为独立于福特公司的新公司时遭遇了很多的困难，这些困难来自很多方面。2006年伟世通的首席执行官和首席财务官曾经在纽约与雷曼兄弟公司的行业分析师进行会谈。一份转述的介绍性材料对此进行了记录，在该记录以及后续的问答中福特的名字被提及了39次，而伟世通的名字只出现了24次。剥离的六年后，伟世通在雇佣和养老金债务方面仍然与福特公司联系在一起。从2005年伟世通的销售额来看，福特仍然是伟世通最重要的客户。[4] 伟世通仍然与福特保持联系的进一步证据就是公司股票价格之间的强相关关系（见图6—1）。这也表明投资者仍然认为伟世通脱离母公司只靠自己是无法存活的。

图6—1 伟士通公司和福特公司股票价格走势（2000—2007）

数据来源：Datastream.

德尔福的例子与伟世通类似。2004年，通用汽车仍然占德尔福销售额的55%。[5] 直到2005年夏天，公司仍然由J. T. 巴滕伯格（J. T. Battenberg Ⅲ）掌管，他曾是通用公司的资深员工，也是他推动了这次剥离。尽管新的总裁兼CEO罗伯特·S·米勒（Robert S. Miller）没有在通用工作的背景，但是26人的领导团队（战略委员会和企业事务高管）中有20人都来自通用汽车。总裁兼首席运营官罗德尼·奥尼尔（Rodney O'Neal）从1971年就开始在通用工作了。副董事长戴维·B·伍林（David B. Wohleen）于1978年加入通用汽车。公司事务高管中没有通用工作背景的人都负责具体的职能部门，比如会计和总法律顾问部门等。[6]像伟世通和福特一样，这两个公司的股票价格之间也存在着密切关系，这表明投资者仍然将德尔福公司和通用汽车看做是密切相关的（见图6—2）。

德尔菲—NNASO(2000年1月7日—2007年6月1日)

德尔菲公司 ——　　　通用汽车公司 ——　　　单位：美元

图6—2　通用汽车公司与德尔菲公司的股票价格走势对比

数据来源：Datastream。

尽管德尔福和伟世通的管理团队都试图为自己的公司创建一个独立的身份特征，但是其他人（分析师、记者、投资者和员工）却不能或不愿看到它们独立于原来的母公司之外。事实上，剥离之后的六七年里，德尔福和伟世通都仍然被看做是通用汽车和福特汽车的剥离公司。

彻底分离型

一个新剥离出来的公司如何在短时间之内建立自己的身份特征呢？飞思卡尔半导体公司（Freescale Semiconductor）就是这样一个很好的例子。针对2004年它从摩托罗拉公司的剥离，伊丽莎白·科克兰（Elizabeth Corcoran）在《福布斯》杂志中评论道[7]："2004年从摩托罗拉剥离之后，飞思卡尔就一直备受关注，人们认为它将会超过它的母公司。"尽管摩托罗拉仍然是它的大客户，但所占的比重只有之前的1/5。飞思卡尔的成功还表现在它建立了与原母公司截然不同的身份特征，它在公司网站上的情况介绍很少提到它的母公司，摩托罗拉只是作为飞思卡尔的前母公司而被提及。在有关产品讨论中，摩托罗拉也只是作为飞思卡尔的众多使用者之一被提及。飞思卡尔的总裁兼CEO米歇尔·梅耶（Michel Mayer）没有在摩托罗拉工作的经历。他是被招聘来执行剥离的。他组建了一个高管团队，这支12人的团队中有5个人（包括他自己在内）与之前的摩托罗拉没有过多的联系。团队中的其他7个人中，有5个曾经在摩托罗拉后来分离出去的半导体事业部工作过。从两家公司2006年的股票价格的演变比较来看（见图6—3），大众投资者已经将飞思卡尔看做是一个独立的实体了，它的命运已经不再与摩托罗拉相关了。2006年12月1日，它与一个私人基金的财团合并，这个财团是由黑石集团（Blackstone Group）掌管的，这次合并意味着飞思卡尔彻底地与母公司分离了。

图6—3　2006年飞思卡尔半导体公司与摩托罗拉公司的股票价格走势对比
数据来源：Datastream。

朗讯科技（Lucent Technologies）从美国电报电话公司（AT&T）剥离出去，是另一个关于母公司与子公司之间彻底分离的例子。这次的剥离说明了紧密联系的剥离双方如何通过在市场中明晰自己的身份特征获益。

回忆起这次剥离，当时AT&T公司的总裁兼CEO鲍伯·艾伦（Bob Allen）表示[9]：

公司分离主要有几个原因。第一，就是对通信行业未来"巨大的变化"的预期，我判定我们都不得不更专注于一个领域。而且对于AT&T而言，把设备出售给它的竞争对手，尤其是国外的通信的竞争对手，这也是件困难的事情。现在订单流失可能尚不明朗，但可以明确的是除了这样我们别无选择。

通过剥离朗讯、使安迅（NCR）掌握计算机业务，鲍伯·艾伦重新将AT&T公司定义为通信服务公司，并且允许电子设备和计算机部门在它们各自的领域建立自己的独立公司实体。这一举措并不一定会在未来帮助AT&T建立一个直观的身份特征，但是剥离却被一致认为对朗讯及其投资者是有好处的。

下面这段摘录来自凯瑟琳·阿恩斯特（Catherine Arnst）在《商业周刊》写的文章，文章很好地概括了在剥离时朗讯公司所面临的挑战和机遇：

对于朗讯来说，要保住它市场第一的位置需要付出一定的努力。它将不再拥有AT&T每年提供的将近20亿美元的设备订单。AT&T虽然也承诺未来每年至少从朗讯购买30亿美元的产品，但这仅限于未来的3年，之后朗讯将不再享受优惠待遇。朗讯也必须要经受裁掉22 000个职员的阵痛。而且尽管它拥有声望很高的贝尔实验室，但是其中25%的员工和资源都将留在AT&T之中……然而，朗讯也有无法比拟的优势，它一开始建立就有197亿美元的资产，其中有4.48亿美元是现金。而且鉴于它与巨头AT&T长久的联系，它将电子设备出售给本土的电话公司的前景是很美好的。同时它还任命了一位强势的局外人做总裁——亨利·斯查特（Henry B. Schacht）。他曾是康明斯公司（Cummins Engine）的前CEO，也是AT&T的董事会成员。理查德·麦克金（Richard A. Mcginn）自从1994年就开始掌控业务运作，继续担任公司的总裁。

朗讯和AT&T在股票市场的不同表现（见图6—4）反映出消费者、分析师和投资者已经将朗讯看做是一个独立的公司，它的身份特征不再与它的前母公司相关了。尽管麦克金这个在剥离的过程中做出卓越贡献的公司内部人被认为会成为公司的最高领导人，但是一年多后，他被换掉了。因为在斯查特的杰出领导下，朗讯建立了自己的公司身份特征。约翰·J·凯勒（John J. Keller）在《华尔街日报》中就对此做了很好的解释[11]：

斯查特和麦克金两个人看起来并不像拍档，他们来自截然不同的领域。但是，目前来看至少他们表现出了令人吃惊的互补。斯查特先生今年61岁，性情温和，是20世纪80年代"铁锈地带"的幸存者，出生于中等收入家庭，但是却就读于耶鲁大学和哈佛大学。麦克金先生是一位性格强硬、非常有野心的人，今年50岁，出生于新泽西郊区的中等收入家庭，就读于规模较小的格林纳尔学院，而且他的第一份工作是在贝尔。他们在一起处理由于剥离、创建新身份特征以及更多企业文化差异所带来的巨大挑战。失去了AT&T的安全网和名字之后，当它的优势技术被有着热门点击率的数据网络威胁时，朗讯公司不得不在个人电话以及拓展大型网络设备在海外的市场方面做出更多的努力。斯查特和麦克金也必须要让数十亿美元的客户——小贝尔公司——相信，朗讯与它们最具威胁的对手AT&T已经完全无关了。如果这两个人成功的话，他们将在重组领域树立一个剥离成功的良好的榜样。

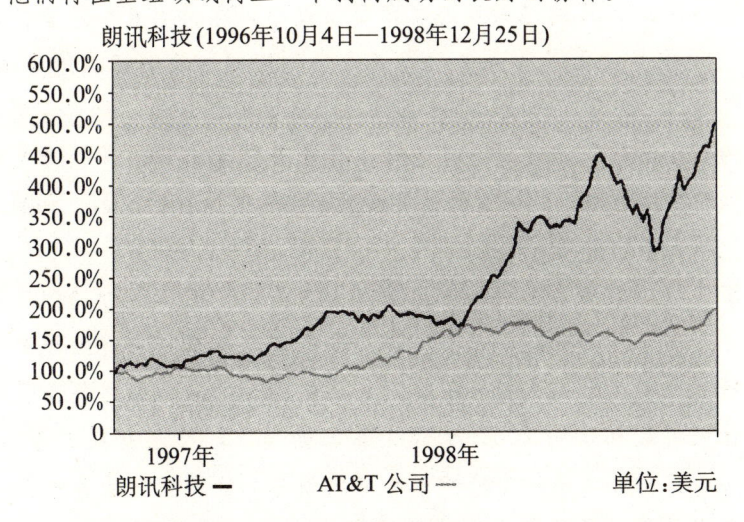

图6—4　朗讯和AT&T公司股票价格走势对比（1996—1998）

数据来源：Datastream.

朗讯在麦克金的带领下努力着。后来他被帕特立夏·鲁索（Patricia Russo）代替。鲁索是一个非常受人尊敬的高管，他2001年离开了朗讯，去柯达担任CEO，但是9个月后又回到了朗讯，出任最高职位。在鲁索的带领下，2006年朗讯与法国的竞争者阿尔卡特公司合并，组成了全球性的通信公司，实现了与AT&T彻底的分离。

自相矛盾型 >>>

在一些案例中，尽管努力进行明确分离，但是仍然会有一些紧密的联系存在，美国安捷伦公司（Agilent）就是这样一个案例。1999年它从惠普中剥离出来，当时惠普在卡莉·菲奥莉娜的带领下，专注于打印机和个人电脑业务。2002年2月，在剥离后不足3年的时候，《财富》杂志中报道的故事就发生了[12]：

安捷伦由三个人创建，现在仍有一个人健在。现在，纳德·巴恩霍特（Ned Barnholt）任CEO。巴恩霍特是在惠普工作了35年的资深员工，总是带着大大的金边眼镜，稍微低垂于一边，顶着一头银发。他从不矫揉造作，58岁的时候还经常跟员工谈话，在过去6个月里他已经给20 000名员工做了演讲并回答了他们的问题。他们都称他为纳德，如果称他为巴恩霍特先生，将会被别的员工笑话。但是，巴恩霍特管理公司的时候，他似乎只是将自己看做是惠普创始人戴维·帕卡德和比尔·休利特的看门人。所有的重大决策都伴随着这样的问题：如果是戴维和比尔，他们会怎么做呢？

事实上，整个公司的运作都建立在它是帕卡德和休利特的后嗣的基础上。当惠普的房屋保管员不得不选择是与惠普保持一致还是跟巴恩霍特走时，她最终选择了安捷伦。公司总部所在地帕洛阿图是帕卡德和休利特最初研制200A音频振荡器的地方，后来发展成为惠普。这个实验室仍然大量地生产测试和测量设备。但是更为重要的是，安捷伦把自己看做是惠普之道的真正守护人，惠普之道是由帕卡德和休利特创造的管理目标，它清楚地阐释了应该如何对待顾客、投资人和大

第6章
绳子应该被砍断吗：公司剥离的身份特征管理

多数的员工。惠普之道的核心概念就是如果员工被真诚地对待和倾听了，那么他们将会为公司尽全力。1995年帕卡德在他的新书《惠普之道》中强调要使人们感到他们是在为共同的目标或解决共同的问题而奋斗，建立一种"参与式管理"。为了达到这个目的，所有的管理者都必须保持"门户开放"政策，实行走动式管理。

2006年6月之后，安捷伦11个高管中的8个都有至少15年的惠普工作经历，都参与了1999年的剥离。公司的发展充满了野心，试图重新成为"世界上最好的测量仪器制造商"。但是从惠普正式分离了7年后，它仍然看起来与母公司保持着密切的联系。安捷伦如何才能真正地成为安捷伦呢？如果不是由于这种高管人员从母公司到子公司流动而造成的母公司身份特征的根深蒂固，公司可能取得怎样的进展呢？事后证明，菲奥莉娜试图通过与康柏的合并以及安捷伦的剥离重新定义惠普公司身份特征的努力在两方面都没有实现目标，这次行动只是让大家的身份特征都变得更加模糊而不是更加清晰。

埃森哲公司（Accenture）和威立雅集团（Veolia）的整合则是另一种自相矛盾的模式（模式Ⅱ），这个模式中公司内部的人已经有了与母公司相互独立的意识，但是外部人仍然将两者看做是密切相关的。为了使公司内外对身份特征的认识一致，管理者将咨询业务公司从破产的安达信公司（Arthur Andersen）中剥离了出来，用埃森哲这个名字取代了原来的安达信咨询。他们也投资了大量品牌建设活动，用以强化外部人对埃森哲的认识，将它看做是与母公司不一样的公司。

类似的过程也发生在法国公司威立雅集团身上。它是法国通用水务公司传统业务的子公司，让·马里耶·梅西尔后来将法国通用水务公司更名为威望迪，并将它定义为全球性的媒体传播公司。为了实现他的美好计划，梅西尔将威望迪环境公司下属的传统业务全部剥离，并通过首次公开募股将这个新企业售出，用所获得的现金购置了媒体和传播业的相关业务和企业。尽管内部人能够看出威望迪环境公司和威望迪有多大的不同，但外部人仍然将它们看做是一体的。由于前母公司引起了世界范围的持续消极的公众反应，公司身份特征受到了影响。更换新名字威立雅就是为了在公众眼里与它的母公司保持距离,以更好地协调公司内外对它身份特征的认同。

为什么要剥离

大多数剥离都是出于财务(开放的股东价值、更好看的资产负债表或者使公司摆脱有问题的业务)或战略上(调整投资组合或者使投资更专注)的考虑,有的时候是两者兼有。在进行剥离的时候很少考虑到身份特征维度的问题。但是如果考虑到它会怎么样呢?它不能为管理者在进行决策的过程中提供一系列额外的、非常有潜在价值的因素吗?

管理者什么时候会从身份特征的视角去考虑剥离问题呢?第一种可能就是当子公司可以与它周边进行有益的交易,但是却由于是一个大公司的附属企业而受到了限制。如果子公司很难寻找到客户、吸引或保留住表现好的员工、被金融专家认为是有价值的,或者从媒体的正面报道中获益,在这种情况下就要采取剥离,这可以使得子公司与母公司保持距离,并且可以吸引那些以前并不太注意它的投资者。

第二种可能就是一个或几个子公司的发展使得母公司的身份特征变得模糊,使人们分不清到底谁是母公司。正如第 4 章我们所谈到的让-马里耶·梅西尔领导下的威望迪的案例,他明确提出要将前母公司法国通用水务公司变为全球性的媒体传播公司。但是由于对传统业务剥离的失败,使得那些希望他经营单一业务的美国投资者和分析家失望了。

当剥离主要由于子公司或母公司中的一方出于身份特征的目的而进行时,管理者就应该预计到被迫接受剥离的双方都要经历身份特征调整的问题。当一个重要的子公司独立出去,可以建立一个独立的身份特征,那么剥离可能就会被母公司内外的支持者们所理解,他们会把这看做是一种业务的分离。如果管理者能意识到身份特征的动态变化,那么就可以帮助母公司学会思考它自己的身份特征,而不必总是参照原来子公司的身份特征,同时在缺少了某一个重要部门的情况下调整母公司的身份特征。根据内部人透露,剥离个人电脑子公司并以 12.5 亿美元的价格将所有权转让给联想公司的决定曾引起 IBM 内部许多员工对身份特征的深深担忧，员工们纷纷认为剥离伤害了他们的集体荣誉感。而且，在缺失了个人电脑这项重要业务之后，很难使人们再继续认为 IBM 是信息技术业中的领跑者了。

类似的问题也会发生在一个子公司的剥离主要是出于迎合母公司的需要或野心的时候。在这种情况下，管理者应该预计到员工以及一些外部的合作者可能会将剥离看做是一种驱逐，甚至更糟糕的看法是将其看做是一种背叛。新公司的管理者必须要准备好帮助公司内外的投资者积极地看待剥离，并团结在新的公司身份特征周围，而不再将它与母公司相联系。阿尔帝斯半导体公司（Altis Semiconductors）是另一个从 IBM 中剥离出去的公司，它就很好地解释了这种情况。阿尔帝斯是一个总部位于巴黎近郊的半导体公司，1999 年 7 月剥离出去，原来由 IBM 掌握的一半股票都转给了西门子公司。阿尔帝斯的高级管理者 2003 年接受本书作者的采访时，仍然认为他们自己是 IBM 人，公司也是 IBM 的一分子。

阿尔帝斯一直以来都认为自己是与 IBM 相关联的，这在下面摘录的一段话中有明显的体现。这段话是公司 2003 年 6 月 25 日的新闻稿，是在任命埃尔克·埃克斯坦（Elke Eckstein）为 CEO 时发表的声明：

阿尔帝斯半导体公司是 IBM 微电子事业部和英飞凌科技公司（Infineon Technologies）的合资企业，创建于 1999 年 7 月。阿尔帝斯半导体公司位于法国的科贝埃森，直接雇用员工为 2 200 名。公司经营着一家 SC 技术学校，另外还吸引了 1 000 多名来自 SC 行业的精英。

埃克斯坦有着相当丰富的管理经验，曾经参与了与西门子公司的合资事务。她上任之后明显地改变了管理团队，并试图把 IBM 从公司的身份特征中去除，正如下面修订过的阿尔帝斯的身份特征描述所示：

作为专门生产艺术电子产品的公司，阿尔帝斯半导体公司在欧洲的半导体市场上扮演着主要的角色。阿尔帝斯半导体公司在巴黎南部占地 55 公顷，它在技术上保持领先地位，为顾客提供了快速增长的高效的服务，它是新经济时代的世界领跑者。

第三种也是最后一种可能，就是对身份特征的敏感可能会使人们考虑剥离，尤其是母公司和子公司都认为各自独立发展会有好处的时候。在这种情况下，剥离出去的公司获得自由，可以在自己的身份特征下充分发挥潜能，而母公司也可以更清楚地认识自己。默德科（Medco）从默克（Merck）的剥离就属于这种类型。1993年默克收购了默德科，希望能通过拥有一个处方笺管理业务来提升自己的收入和利润。10年后，预期的协调作用并没有实现，而且默克和默德科开始成为相互发展的阻碍。

为了筹划这次剥离，默克聘用了戴维·B·斯诺（David B. Snow, Jr.），他并非公司既有员工，被任命为默德科的总裁兼CEO。从此，斯诺重新大规模地改变了管理团队。2006年4月17日，默德科执行董事会的15个成员，在几个月中先后被替换，除了8个公司内部的人之外，其余的人中只有1个在参加默德科之前曾经是默克的员工，其余的7位在剥离之前都仅在默德科的分部工作过几年。

自从这次分离之后，默克遭遇了一些没有预料到的问题，这使得它的股票受到了重挫，但是默克作为专门进行药品研发、制造和销售的公司的身份特征开始逐渐清晰起来。另一方面，得到重生的默德科也得到了一些新的业务并且增加了它的利润率，而且它的股价自剥离之后几乎增长了三倍（如图6—5）。

默德科医疗管理公司—纽约证券交易所(2003年8月1日—2007年6月1日)

图6—5 默德科公司与默克公司股票价格走势（2004—2007）

数据来源：Datastream.

第6章
绳子应该被砍断吗：公司剥离的身份特征管理

剥离中的身份特征维度管理

什么时候剥离可以看做是成功的呢？管理者想要确保成功的话需要做什么呢？

对第一个问题，最简单也是最常见的回答就是，如果它能够为投资者创造更多的价值，那么它就是成功的。但是，要判断剥离是否明智有效，我们就要关注时间维度。尽管短期内以财务为推动力的剥离增加投资者的价值相对比较容易，但是我们认为要持久地进行价值创造，就只有当剥离出去的公司建立了自己可识别的、清晰独立的身份特征时才可以实现。我们经常会用DNA作比喻，当剥离对双方都有好处的时候才是成功的，也就是说剥离出去的公司已经成功地建立了自己的DNA，而且母公司的DNA在失去剥离的公司之后也成功地进行了重组，并且保持了自己的生命力。

如果管理者们对身份特征以及身份特征的动态变化很敏感，那他们应该做些什么来保证剥离的成功呢？要确保身份特征调整的平稳顺利，首先管理者必须为分离之后的双方做好准备，通过仔细的沟通，使得不管是剥离的哪一方都不会感到他们是被迫的，或者在剥离过程中蒙受了损失。

其次，管理者应该更加关注剥离的象征意义的管理。如果他们真正想剪断与母公司的脐带关系，管理者应该更多地关心新公司的命名和品牌建设问题。一个包含或容易令人想起母公司名称的新名字无益于剥离后的公司建立它独立的企业身份特征，而且也不要继续在市场开发中使用母公司的品牌。尽管名称和品牌是很重要的，正如在伟世通、德尔菲和安捷伦的案例讨论中所提到的，但是仅仅为产品和服务取一个新名字或者投资于一个新品牌是不够的。虽然这种象征意义的选择对公司内外来讲是重要的，但仅靠这些不能确保身份特征调整的成功，成功需要其他更持久和更实在的选择。

从长远看，管理者应该特别关注剥离公司的所有权、公司治理和管理结构。再有，真诚的剥离是受欢迎的，母公司不要保留对剥离公司重要的所有权，也不要在它的管理中保持重要的位置。一个成功的剥离要求新的领导者从外部带来相当成型的管理团队，这就意味着要想进行成功的剥离，即使现任管理者非常有能力，也一定要引进外部人员。

最后，当管理者在剥离中时间比较充裕时，由于在正式执行之前公司内外的投资者有几个月的准备时间，剥离对双方的伤害可以显著减轻。对于一个成功的剥离，双方的投资者都将它看做是一个符合逻辑的自然结果。更为重要的是，他们将独立身份特征的发展看做是双方组织健康发展的先决条件。

注释

［1］ *Fortune*，March 7，2005："How to Play the Spinoff Game."

［2］ Lucier, C., J. Dyer, and G. Adolph, 2002. "Breaking Up Is Hard to Do and to Manage." *Strategy+Business Review*, 28（Third Quarter）.

［3］ *Fortune*，March 7，2005："How to Play the Spinoff Game."

［4］ 在与雷曼公司的会谈中，当时的总裁兼CEO迈克·约翰斯顿（Mike Johnston）宣称他将在2008年内将这个数字降低到14％，但是很难看出他要如何实现这一目标。

［5］ Delphi Corporation，Annual Report，2004.

［6］ From www.delphi.com.

［7］ *Forbes*，January 9，2006："Out of the Nest."

［8］ 米歇尔·梅耶是从IBM招募来的，他带来了来自IBM和戴尔公司的高级经理。

［9］ *Barron's*，March 11，1996："Brave New AT&T."

［10］ *Business Week*，March 25，1996："How Glowing Is Lucent's Future? It Has to Face a Slowing Market—Without AT&T's Deep Pockets."

［11］ The *Wall Street Journal*，October 14，1996："Unlikely Team：An AT&T Outsider and a Veteran Join to Run New Spinoff."

［12］ *Fortune*，February 4，2002："How to Cut Pay, Lay Off 8,000 People, and Still Have Workers Who Love You. It's Easy：Just Follow the Agilent Way."

［13］ www.altissemiconductor.com/fr/index.php.

第7章 战略联盟和合资企业中的身份特征问题

无论是在数量还是在程度上，战略联盟[1]的发展都十分引人注目。比如，公司都开始关注核心业务、外包业务的外部活动，以及在进入新的市场或投资新的领域时与其他公司共同投资、共担风险。但是，这些经济活动的潜在经济效益却并没有充分实现，这是因为当两个企业试图联合时会有一系列的复杂因素开始显现并发挥作用。这些因素包括文化上的误解、忠诚上的冲突、幕后的动机、权力之争以及相互猜疑等，所有这些都在学术界以及流行的管理文献中被广泛地讨论过。[2]但我们仍然相信，身份特征以及对身份特征的认同对于战略联盟的发展起着至关重要的作用，如果这些要素都能被有效地管理，那么它们成功的概率会更大。

先让我们来简单地看一下，应该如何管理身份特征维度才能取得战略联盟的成功。首先，当战略联盟需要重新建立一个独立的新公司时，这个冒险举动通常需要牵动它的资源，包括员工才能以及与母公司相比所具有的竞争优势。但是，合资企业与它的母公司越不一样，它在公司内外发展自己身份特征的困难就越大，结果就会导致新公司身份特征变得更加模糊不清。下文提到的空中客车公司所遇到的就是这样的问题。

相反，如果新公司的身份特征完全由母公司来设定，那么合资行为也可能会失败，因为被给定的身份特征对它而言可能是无法摆脱的负担。飞利浦消费通信公司曾经与朗讯科技以及荷兰飞利浦电子公司有过短暂的联盟，它们的案例表明设定初始身份特征对合资公司实现潜在收益有反作用。

合资企业也可能会因身份特征界定失败或者与其母公司的身份特征联系过于密切而遭受损失。甚至，如果母公司的身份特征受到子公司挑战时，尤其当子公司因为进行了合资而增强了自身的市场竞争力的时候，母公司可能也会因此遭受损失。企业合资高度成功的表现通常是它们在公司内外建立了自己的身份特征，并且最终完全独立于母公司之外。我们将在后面的探讨中举一些案例，比如环球联盟（Global One），这是一个命运多舛的战略联盟，是由法国电信公司、德国电信公司和美国斯普林特公司三方共同组成的。正是由于母公司不允许发展联盟自己的身份特征，即成为为大多数客户提供服务的全球电子通信商，联盟最后才以失败而告终。

最后，联盟也会仅仅因为名字而引起身份特征问题，正如案例中天主教医院与一家非教会医院的联盟，天主教医院不得不去面对它的合作者的传统业务是进行堕胎、结扎节育手术的现实。天主教医院如何能在联盟中获取收益的同时也保持自己的核心身份特征呢？

本章的第一部分详细阐述了一些案例，这仅仅是为了说明身份特征问题可能在战略联盟中暴露出来的问题，以及这些问题如何危及企业发展的稳定性和有效性。第二部分对在战略联盟中如何解决身份特征维度问题给出了一些概念性的引导。在这部分中，我们将会提出三个问题，管理者在进行战略联盟时必须对此进行认真考虑：

1. 战略联盟与我们公司的身份特征一致吗？
2. 战略联盟是否要求建立合资企业？
3. 在战略联盟中，合伙人希望多大程度上保持自身的身份特征是可识别的？

这些问题的答案将有利于管理者设计出持久、互利的战略联盟。本章的最后一部分将会提出一些实践建议，以供在战略联盟中进行有效的身份特征维度管理。

身份特征问题怎么会将战略联盟推向危险境地

当管理者仅仅关注企业的经济利益而忽略公司身份特征的动态变化时，他们会发现他们正面临着没有预料到的身份特征问题，而且他们不能很好地解决这些问题。而这些问题已经极大地影响了战略联盟的有效性。下面我们将会用四个案例来说明在战略联盟以及其他领域中，管理者如何忽略了危机中的身份特征维度。

■ 空中客车：一个有着幼稚身份特征的工业巨头

1967年7月，法国、德国以及英国政府宣布要建立一个欧洲的飞机制造公司，其长期目标是要打破美国在这一领域的垄断地位。经过三年多的努力，1970年11月，法国航空公司签署了购买6架A300飞机的意向书，标志着这一项目的正式开始。

空中客车（GIE）正式成立了。它由法国航空公司和一组领先的德国飞机制造公司联合建立，后者后来成为了德国航空公司的一部分。荷兰的福克航空制造公司（VFW—Fokker）以及英国的霍克·希德利公司（Hawker Siddeley）也是这一项目的参与者。空中客车为顾客提供了独一无二的销售、营销和供应网络。[3]

在此后的30多年中，空中客车发展迅猛，并且在飞机制造业中处于全球领先地位。但是它在决策制定、设备管理以及资源的分配方面仍然要由法国、德国、西班牙以及英国的国际性联盟一起做出决定。如果空中客车要成为一个运营顺利、经济效益显著的全球领导者，那么人们必须要把它看做是一家独立的公司，由共同的所有者来运营。2001年1月：

运营决策制定流程的简单化原则要求空中客车对自身进行重组，变为一个紧密联合的独立公司，而不是一个联盟组织。欧洲宇航防务集团（EADS）是法国、德国和西班牙利益的结合体，它们大约掌握着80%的股份，而另外20%的股份则由英国航空公司的继任者BAE SYSTEMS占有。股东会议的7个成员之中有5个来自欧洲宇航防务集团，2个来自BAE SYSTEMS。股东会议主要负责重要的投资、预算和新项目决策。

尽管建立一个统一的、正式的公司组织结构是需要一步步落实的，但是空中客车仍然需要建立它自己的身份特征，这个身份特征要与母公司相独立。但是到目前为止，一提起空中客车，人们仍会立即想到它的母公司欧洲宇航防务集团以及它的股东：拉卡戴尔集团（Lagardère Group）、戴姆勒—克莱斯勒公司和法国政府。空中客车与这些联合所有者之间的关系如此密切，这对它有利也有弊。有利之处在于，空中客车可以从欧洲政府那里获得充足的财政支持，从而更容易开发新项目，并可以获得欧洲航线上的保护条例。但弊端在于，空中客车不能够建立自己管理下的独立身份特征，不能够自己做决策，没有战略自主权。

当空中客车试图生产A380型飞机时，就因为它与母公司之间的密切联系而遇到了困难。A380型飞机的强大竞争对手是波音747型飞机。2006年克里斯蒂安·斯特雷夫（Christian Streiff）受雇于空中客车，并使空中客车摆脱了严重的混乱局面，但却在担任领导者3个月后离职了。虽然他没有公开表明突然离职的原因，但是人们都认为当斯特雷夫意识到作为公司唯一的领导者却不能自主决策时，他只好选择辞职。

52岁的圣戈班公司（Saint-Gobain）前任高管斯特雷夫先生为空中客车制定了一个减少成本的转型计划，这个计划得到了欧洲宇航防务集团的大力支持。但是据官方的知情者透露，董事会在这个计划应该如何贯彻执行以及他个人将在多大程度上行使权力等问题上争论不休。

由于涉及机密，一位不愿意透露姓名的官员指出，斯特雷夫先生希望每个季度向母公司报告，并且在空中客车的人事任命上有最终的决策权，然而欧洲宇航防务集团的高管们还想有更进一步的监管。[5]

空中客车的管理权最终交给了路易·加洛瓦（Louis Gallois），他是欧洲宇航防务集团的联合主席。但是这一决定并不能使空中客车自己的身份特征得到加强，公司将继续被看做是由法国和德国母公司暗中高度控制的合资公司。空中客车能够建立自己的身份特征吗？只有当它目前的母公司允许它自己单独发展的时候，这个答案才是肯定的。这也就意味着是否可以进行首次公开募股和改变股份持有结构，只有当目前的所有者同意削弱它们对公司的监管力度时才有可能实现。

■ 环球联盟：母公司不允许其拥有有自主身份特征的、短期存在的合资企业

1996年2月，法国电信公司、德国电信公司、美国斯普林特公司三方宣布进行战略联合，目的是为了挑战高度联合的、像英国电信和后来发展起来的MCI等一样的国际运营商。法国和德国的运营商共同投资37亿美元购买了美国斯普林特公司20%的股份（每家拥有10%）。

每个合伙人都掌握着自己公司的国际服务和基础设施的大部分，而这些共同组成了环球联盟。合作者都有很高的热情，试图打造一个一站式公司，成为目前市场上该行业空前的超级"航空母舰"。"在世界的许多地方，美国斯普林特公司、法国电信公司和德国电信公司都经营相同的业务并向相同的消费者出售着相同的产品和服务，"德国电信公司的首席执行官罗恩·索姆（Dr. Ron Sommer）说，"现在我们有机会通过统一的公司组织为我们的顾客提供服务。"[6]

但是，环球联盟在多大程度上算是一个独立的公司组织呢？在最初的两年里，环球联盟似乎光芒四射，它是85个国家中730多名使用者进行电子通信联合时的首选，他们在对这次的联合进行评价时，提到了这样一些标准："全球化的研发、提供服务、网络质量、价格、服务，以及运营商能够从它的本土之外的市场中得到丰厚的回报。"[7]但是不久以后，环球联盟对它的创立者而言就是失败和公众批评的代名词："母公司向合资公司环球联盟移交顾客资源时很勉强，并且母公司之间对这个战略还存在着分歧。"[8]

母公司不能有效地向合资公司转移顾客资源和相应的资产，环球联盟就不能与母公司分离、拥有自己的自治权，但公司内外的人却认为它已经是一个独立的企业了。自从1999年德国电信公司投标兼并接管了意大利电信公司之后，环球联盟的处境就变得更糟了。法国电信公司对

它的德国合作伙伴提起了法律诉讼,这最终打破了两个公司之间达成的战略联盟合约。在这种充满矛盾的背景下,环球联盟成为法国和德国合伙人之间公开争论的靶子。每一方都宣称对方应该从合资企业中撤资,让环球联盟独立。这些争论使得环球联盟的真实身份特征和最终命运变得更加不确定了:

市场观察家认为无论是德国电信公司还是法国电信公司,都不会选择让环球联盟独立。因为它们的合伙关系实际上对二者的跨国业务起着仓库的作用。双方都只是希望留住那些顾客。因此,对环球联盟而言,最有可能的选择就是解散环球联盟,让三个公司各自回归它们自己的母公司。[9]

合资公司内外的人都表示接受环球联盟即将解散的传言,因此这也使得问题从环球联盟如何在这些批评中得以幸免转变为谁能够从公司解散当中获得最大的利益:

据《国际通信周报》(Communications Week International)报道,如果德国电信公司竞标意大利电信公司成功的话,环球联盟联合体将被解散。这篇报道引用了德国电信公司高管的一句话,他说:"环球联盟实际上已经死亡了。它很快就不存在了。我们目前最关心的就是我们将很快退出联合体。它不再强大,公司实体也不复存在了。"[10]

环球联盟建立独立身份特征很困难的另一个证据就是在它存在的4年里先后更换了3个首席执行官。[11]在经历了多次讨价还价之后,法国电信公司出钱购买了美国斯普林特公司和德国电信公司手中的公司股份,从而与宇广公司(Equant)合并,成为了宇广公司的一个新合并的子公司。

环球联盟所面临的问题说明了相互矛盾的管理体制在战略联盟中造成的成本损失是很大的。三个母公司都希望外界,尤其是大客户将环球联盟看做一个一体化电子通信一站式服务的提供者。但从内心讲,母公司们并没有想让环球联盟成为一个独立的、对它的顾客和其他资产有完全控制权的企业实体。它们都忽略了身份特征维度在其中的重要性,并且没有预料到它们将环球联盟推向了怎样的矛盾境地。法国电信公司、德国电信公司、美国斯普林特公司的领导者应该促使公司业务和资产向环球联盟转移,使它建立自己的公司身份特征,或者将环球联盟定义为在一些细分市场中与母公司等同的机构,从而完成这种角色转变。

■ 飞利浦消费通信公司:披着攻击性联盟外衣的防御性合并

1997年6月,荷兰飞利浦电子公司宣布将斥资25亿美元与美国的朗讯科技公司合资:

一个新公司——飞利浦消费通信公司——将成为世界无线电话和有线电话以及应答设备制造业的领军者,并有望在10月交易完成前就实现盈利。它的总部设于新泽西,将有12 400名雇员,生产和出售数字化电话和便携式电话、传呼机以及其他移动通信设备。飞利浦拥有合资企业60%的股份,朗讯拥有40%。[12]

一年多以后,飞利浦和朗讯的管理者宣布合资企业解散。造成这样的结果有多方原因毋庸置疑,而我们认为身份特征设计十分糟糕是一个相当重要的原因。从身份特征管理的角度分析,主要有两个问题,一是公司身份特征存在矛盾,另一个就是周围环境十分不友好。

尽管飞利浦消费通信公司在公司内外所表现出来的都是一个合资企业的身份特征,但它实际上是飞利浦的子公司。在联合之前,飞利浦消费通信公司一直都是飞利浦的子公司。不管管理者的初衷是否如此,但合资后依然沿用PCC这个名字,这就不可避免地令人觉得似乎是飞利浦接管了朗讯的业务,而不是朗讯仍然拥有40%的主要股份。不管是真正的殖民式接管还是人们的错觉,这都激化了公司之间"我们vs他们"的分歧。当公司业务发展稳定,而且环境也相对友好的时候,这些感觉不会使公司出现生存危机。管理者希望随着时间的推移,双方能够相互了解,并且建立"我们"的集体意识。但遗憾的是,飞利浦和朗讯的合资并没有这样幸运。飞利浦消费通信公司诞生在一个高度竞争而且技术发展迅速的环境中。要在这样的环境中生存,一个公司需要内部高度的一致性以及快速的决策,而这两点飞利浦消费通信公司都不具备:

甚至在一年前它成立之初，人们就认为即使合并双方都有强大的资源和能力，它们的合资也无法赶上惊人的市场发展速度。两国公司之间的二元文化无法融合在一起，这一缺点决定了公司将会运行缓慢，以至于公司无法赶上日新月异的技术发展以及流行的电话设计，并且无法在6～9个月的最佳时间内迎合市场的变化。[13]

当员工们经历了来自市场和母公司管理层的双重压力时，他们就会对合资企业产生不信任感。双方会越来越多地抱怨对方是造成失败的主要原因。正如下面这段话提到的：

飞利浦抱怨合作者没能及时开发技术，使得移动电话在北美地区没有竞争优势。"我们完全被卖给了一个傻小子。"一个飞利浦的管理者如是说。

朗讯对合资企业频繁的管理层变动表示不满，这使得公司缺乏专注度，从而丧失了"移动电话的市场机遇"，而移动电话专门的芯片设计在过去几个月里已经更新了4次。[14]

朗讯和飞利浦的管理团队能够做得更好吗？要回答这个问题并不容易，因为飞利浦在这个领域已经损失惨重了，朗讯也没有逃脱厄运。两个公司认为将两者比较弱的业务联合在一起就可以使双方在一年内建立一个盈利的企业，但是结果表明两个合伙人各自的弱项非但没有加强，相反还被彼此弱化了。在这样的环境下，合资公司身份特征的诞生和发展就更成问题了。事后反思，朗讯和飞利浦的管理团队似乎应该在进行可能的合资或直接的合并之前先解决好自身的问题。这就可以在面对不友好的环境时抢占先机，而不是相互责备。如果管理层在进行合资计划时能够对身份特征维度的重要性很敏感的话，那么结果将会是另一番景象了。

■ 里弗赛德医疗中心和玛丽·伊玛克特医院：因为担心身份特征问题而被耽误的具有吸引力的联盟

1998年，罗马天主教的修女建立了玛丽·伊玛克特医院（Mary Immaculate Hospital），它和非教会医院的里弗赛德医疗中心（Riverside Health System）的领导者都认为，双方都是弗吉尼亚州的纽波特纽斯市提供医疗保健的机构，通过双方的结合，他们可以"建立一个共享的机构，联合服务并最终消除市里这两大医院之间的竞争……联合经营的目的是努力应对实力日益壮大的位于诺福克的圣塔拉医疗中心（Norfolk-based Sentara Health System），它拥有汉普顿总医院（Hampton General Hospital）和威廉斯堡区社区医院（Williamsburg Community Hosital）47％的股份。"[15]

经济上和战略上的利益促使这一联合得以实现，但是这也引起了双方股东对两家医院身份特征问题的担心。里弗赛德医疗中心的医师和保健专家传统上是做堕胎、流产以及节育手术的，医院内外的人认为这些是该医院的重要使命。但是另一方面，这些医疗项目在罗马天主教组织的医院中却很少出现，下面这段话正是对此的说明：

玛丽·伊玛克特医院的一些医生已经对此表示了关心，而在此之前他们谈话时从来不会谈及此事。他们担心玛丽·伊玛克特医院将会无利可图，而且医院的天主教身份特征可能受损，还有同里弗赛德医疗中心之间因合并而结束竞争会不会使保险费用上升。

这些担心在里弗赛德医疗中心也同样存在：

里弗赛德将会继续经营结扎手术。巴里医生是一名妇产科医生，并且是里弗赛德董事会的成员，他说："自从玛丽·伊玛克特医院不再做这个之后，里弗赛德目前是这种外科手术的主要提供者。我们希望能够继续提供这样的服务。"

在融合了双方的意见后，里弗赛德的管理层考虑了公司组织的解决方案，即将有问题的节育服务保留在联合企业之外。但是经过长达六个月的高端密切会谈之后，双方的担心依然没有消除。在最后拯救联盟的努力中，医院的领导人要求外部顾问提供一个折中的解决方案，但是顾问的方案却没有被采纳。身份特征问题是非常难解决的。这个案例表明，身份特征维度对公司战略强大的影响力不仅仅表现在时间上。如果领导者敏感地意识到了两家医院在身份特征上存在矛盾，那么他们要么放弃战略联盟的想法，要么遵循一条渐进的、低调的方法，通过这种方法两家医院将能够分享非核心的资源和业务，而不至于立即引发对各自身份特征的担忧。

战略联盟中身份特征问题的解决框架

刚才列举了几个运气不佳的公司的案例,是为了说明当管理者评价或者计划与其他公司联合的时候,对身份特征维度有清醒的认识将会使他们受益匪浅。在战略联盟中谈身份特征维度问题就是为以下三个问题寻找答案:

1. 对每个合伙人而言,即将进行的联盟与合伙企业的身份特征是相容的还是相互冲突的?

如果认为联盟可能会导致一个或几个合伙人之间的身份特征发生矛盾冲突,那么管理者就应该关注来自公司内外心理上的担心和阻力。如果他们仍然想在联盟的路上继续前进的话,那么管理者必须知道平息与身份特征相关的担心是需要时间的,必须通过渐进的过程在人们中间建立理解的桥梁,这可以帮助他们不再强调公司之间本质上的不同,转而关注那些可以将它们结合为一个共同体的因素。

2. 即将进行的联盟要求建立一个独立的公司吗?(这个公司有自己的员工、资源、客户、供应商等等。)

如果联盟要求建立一个独立的组织,那么管理者可以建立一个合资企业。他们必须要准备好处理新公司在发展自己独立身份特征时所遇到的一些问题。这可以通过赋予合资企业以母公司中的一方或双方的身份特征来实现,也可以通过建立一个独立的身份特征来实现。

3. 在联盟中合伙人要求在多大程度上使自己的身份特征是可见的?

如果联盟并不要求建立一个合资企业,合伙人可以仅仅选择签署合资契约或建立一个协会,并且必须决定它们各自的身份特征在合资中要在多大程度上得到体现。这里选择的范围包括:在联盟身份特征中使所有合伙人身份特征都有突出的地位(如天合联盟),联盟中某一个合伙人的身份特征是可识别的(如布依格电信公司),或者在联盟中不强调任何一个合伙人的身份特征〔如欧洲汽车研究与技术发展委员会(EU-CAR)〕。

表7—1总结了身份特征设计的战略选择。[18]这也是所列举的几个案例所采取的方式。

第7章
战略联盟和合资企业中的身份特征问题

表 7—1　　　　　　战略联盟身份特征管理框架

	所有的合伙人都希望外界看到自己公司的身份特征	一些合伙人同意使自己的身份特征不可见	所有的合伙人都使自己的身份特征不可见
需要建立合资企业的联盟	1. 合资企业继承了两个母公司的身份特征：富士施乐公司	2. 合资企业继承了其中一个母公司的身份特征：美国在线欧洲业务公司	3. 合资企业有自己的身份特征：SFR
不需要建立合资企业的联盟	4. 协会促进了合伙人的身份特征发展：天合联盟	5. 只有一个合伙人的身份特征是可见的协作：布依格电信公司	6. 母公司的身份特征最小化的协作：EUCAR

■ 合资企业继承了两个母公司的身份特征：富士施乐公司

富士施乐公司是美国公司与日本公司实行战略联盟最早的公司之一。1962年，富士胶卷公司（Fuji Photo Film）和德国施乐公司（Rank Xerox）建立了富士施乐公司，双方各自拥有50%的股份。2006年，富士胶卷公司拥有了合资公司75%的股份。迄今为止富士施乐公司稳定发展的年限已经超出了人们对它的预期。当合伙人都想让它们的身份特征在合资企业中可见时，富士施乐公司如何能够摆脱母公司中合伙人之间的传统冲突呢？而且这发生在美国和日本的合伙人身上？

富士施乐公司能够长期存在，毫无疑问应该归功于一系列的因素。就本书的视角来看，我们还是将重点关注身份特征问题对此的贡献。尽管合资企业拥有双方合伙人的身份特征，但是富士胶卷公司和施乐公司都界定了各自的地理领域和管理结构，这种界定方式使得合资企业可以独立地决定自己的发展，而不依靠母公司。最开始富士施乐公司被赋予了独一无二的权力，可以在亚洲领域里宣传并使用施乐的商标。在管理方法上，富士施乐公司一直被视为一家日本公司，由合伙人中的日本管理者进行管理，为共同所有者双方的利益服务。2006年，董事会中包括9个日本人和3个美国人（其中包括施乐公司的董事长和CEO），并且所有的高管团队都是日本人。这一设计使得合资企业可以通过施乐的身份特征获得外界的认可和市场的领导地位，而通过形成统一的、完全日本化的、富士式的强势管理建立了自己的内部身份特征。

倘若没有明确界定合资企业范围以及合伙人之间的分工，富士施乐公司将会在争夺市场霸权中备受折磨，也不会建立稳定的身份特征并发展至今。

■ 合资企业继承了其中一个母公司的身份特征：美国在线欧洲业务公司

1995 年，德国贝塔斯曼集团投资了大约 5 000 万美元，获得了美国在线 5% 的股份，并共同建立了美国在线欧洲业务公司（AOL Europe），双方平等拥有该公司股份。5 年后，贝塔斯曼公司以价值近 85 亿美元的价格将美国在线欧洲业务 50% 的股份出售给美国在线—时代华纳公司。在它们合伙的 5 年里，合资企业的内外部身份特征都紧紧地与美国的母公司相联系。虽然德国的母公司也与很多业务紧密相关，但它主要在后台发挥作用。这种合伙人不对称的角色划分使得公司的身份特征完全来自其中一个企业，但这样做可以更好地利用美国在线公司在世界范围内的成功和声誉。这种安排更加有趣的地方在于，在进行交易的时候美国在线公司只是一个刚兴起的小公司，而贝塔斯曼公司已经是一个大型的跨国集团了。在这样的环境下，更强势一方的管理层通常会试图将自身身份特征强加于合资企业之上，而不是让它的身份特征归属于实力相对较小的合伙人。再有，只要双方都接受彼此在合资企业中的角色安排并且不试图掌握最中心的权力的话，这种安排就是可行的。

■ 合资企业有自己的身份特征：SFR

SFR[20] 是法国第二大无线通信服务商，最近被威望迪环球公司和沃达丰公司联合拥有了。威望迪公司是 1987 年由法国通用水务公司的一个子公司发展而来的。[21] 由于不论是经济利益还是技术需求都需要 SFR 发展在法国的（GSM）通信网络，法国通用水务公司的管理层就促成了与沃达丰公司的联盟，沃达丰公司可以使其股份占有量增加至目前的 44%。

由于有了两个强大公司的支持，SFR 既可以建立自己的品牌又可以建立一个独立的法国公司实体。它既可以保住自己在法国通信市场上第二名的位置，又可以获得丰厚的利润。

■ 协会促进了合伙人的身份特征发展：天合联盟

2000 年，由美国达美航空公司（Delta AirLines）、韩国航空公司（Korean Air）和墨西哥航空公司（AeroMexico）发起建立了天合联盟。随后又有俄罗斯航空公司（Aeroflot）、意大利航空公司（Alitalia）、美国大陆航空公司（Continental Airlines）、捷克航空公司（the Czech airline，简称 CSA）、荷兰航空公司（KLM）和美国西北航空公司（Northwest Airlines）加入其中。

天合联盟和它的竞争者寰宇一家（OneWorld）和星空联盟（Star Alliance）之间的稳定关系得益于联盟中各成员的身份特征特别清晰。三个协会的建立使它们的成员能更好地适应航空业的全球化，同时也保留它们各自独立的身份特征和品牌。这三个协会是平等的机构，没有雇用实质的雇员或者在市场上自主地提供产品和服务。联盟的身份特征由成员所定义，并依赖于成员。

当管理者可以从与其他企业的紧密合作中获取利益，但又不想在合作进程中丧失自己的身份特征时，天合联盟所代表的组织形式是可取的。只要管理者在进行联盟合作时对各自身份特征的双重性有一个清晰的认识，那么就是可行的。当合作中的一些成员或团队有意或无意当中干预了一些事务，但是没有得到联盟所有成员的授权或同意时，就会经常发生问题。这种自作主张通常会引起联盟中的紧张关系，因为一些成员认为它们努力建立的自主形象可能会最终受到威胁或者被吞并，至少会影响它们的身份特征。

这些组织形式总是合适的吗？答案有时是否定的，因为在一个竞争的环境中，协会的建立仅仅是为了让公司有时间去建立自己独立的身份特征，只是延迟了完全合并或并购的时间进程而已。

■ 只有一个合伙人的身份特征是可见的协作：布依格电信公司

2002年，法国市场份额的第三大无线电话运营商布依格电信公司诞生了，并宣布将与日本电信电话公司（NTT DoCoMo.）进行决定性的联合。布依格电信公司可以向它的订户营销 i-mode，直至 2005 年 11 月。

与日本电信电话公司的联合对于加强布依格电信公司在法国市场上的竞争力是至关重要的。但是，这笔交易并不是平等的。日本合作方的身份特征在法国是无法被外界所看到的。人们必须要仔细地阅读公司的宣传材料才能了解，布依格电信公司营销战略的核心 i-mode 技术实际上属于日本公司。

难道日本电信电话公司在这次的交易中就没有收益吗？应该对这个问题给予否定的回答，因为 i-mode 无论是在商业和财务上都取得了显著收益。有人或许会认为日本电信电话公司应该维护这样一个协议，使得它的身份特征在法国运营商那里更可见并且拥有可见的所有权。如果日本电信电话公司的管理者试图在欧洲的市场上采取自主扩张战略，那么这种想法就是可取的。但是通过与当地的运营商合作而获取特许权的形式来促进 i-mode 销售的决策，可以使日本电信电话公司的管理层摆脱通过投标获取当地的许可、建立子公司以及推销它们的身份特征所带来的负担。只要日本电信电话公司满足于目前欧洲市场的投资回报，它的身份特征是否可见就不成为问题了。

■ 母公司的身份特征最小化的协作：EUCAR

从身份特征角度看，天合联盟的组织安排是非常不利于航空业的全球性联合的。但是在即将介绍的情形中却没有一个合伙人愿意使得自己的身份特征在联盟中是可见的，EUCAR[22] 就是这样一个低姿态联盟的好例子。那些在市场上竞争激烈的公司联合在一起是为了共担研发成本，并且可以面对面地跟欧洲政府以及位于布鲁塞尔的欧盟委员会进行沟通谈判。

因为它主要是为了研发、获取公共部门对私人研究的补贴，以及进行幕后的游说工作而建立的，因而 EUCAR 不需要作为独立的组织存在，也不需要有自己的品牌。EUCAR 在公众中的身份特征越是模糊，这个组织将越有效。

菲亚特—标致雪铁龙（FIAT－PSA）[23]联盟也是一个非常有效的联盟组织，它的成员也没有使联盟有自己独立的身份特征，成员公司也因此而受益匪浅，同时它们各自还保持自己的身份特征在联盟中是可见的。其他汽车制造商也遵循这样一种联合道路，从而获得规模效益和全球市场份额，但是标致雪铁龙却能一直存在而没有被其他制造商合并，正是因为它能在不同的价值链部分选择不同的合作者。比如，当标致雪铁龙需要提供小型货车，它便与菲亚特一起开发要营销的产品，比如东风标致 807、雪铁龙 CS、菲亚特优力赛以及蓝旗亚 Phedra 等。这两家汽车制造商在小型货车和多功能车领域保持了持久深入的合作关系，但是它们的联盟对外界来说是不可见的，也没有产生独立的企业。

身份特征管理的内涵

之前的讨论已经表明如果在战略联盟中不重视身份特征维度，将会直接危及联盟的成功。同时也介绍了几种可以有效管理战略联盟身份特征维度的方法。管理者可以从列表中选择适合自己的方法，记住并且有效地理解它们，这正是我们探讨此问题的关键所在。当联盟中的合作者试图保持自己的身份特征时，它们必须要对此有清楚的认识。它们或者使得联盟的身份特征趋向于自己公司的身份特征，正如在航空协会案例中谈到的一样；或者进行低姿态的联盟，使自己的身份特征保持在幕后。另一方面，当联盟需要建立一个独立身份特征、拥有自己的资源和资产的合资企业时，合伙人应该准备好让它去发展自己的身份特征，赋予它一个母公司的身份特征或者两个母公司身份特征的联合。在第一种情况中，合伙人必须要足够开明，保持自己的身份特征在幕后并且让合资企业建立自己的身份特征，使得雇员、客户、供应商以及其他支持人认为它有自主权。在第二种情况下，保持沉默的合伙人必须要允许合资企业将它的身份特征从母公司中分离出去，并且与其他企业相区别。第三种情况下，合伙人必须要发现一种运作方法使得合资企业可以在市场上借用母公司的品牌力量，而不至于造成混淆或导致合资企业中身份特征的紧张关系。

其中尤为重要的是要知道战略联盟有时需要建立它自己的身份特征，从而实现它在市场中的潜在优势。在这种情况下，母公司的管理者和员工必须排在次要位置，从而使得合资企业可以在公司内外创建它自己的身份特征。环球联盟在这方面就失败了，对于空中客车而言如果它的母公司不能采取措施加强它的身份特征，那么要将波音公司行业第一的位置永久地抢过来也是不容易的。

另一个教训似乎表明，如果合资企业是在一个压力环境下建立的，那么它就不能发展一个可行的身份特征，也不能茁壮地成长。当合资企业中的人们压力过大时，"我们 vs 他们"的综合征就会出现，而且会有互相指责对方的倾向，这些都不利于集体主义意识的培养。

最后，随着战略联盟的展开，合伙人的境况将会有所改善，而协作问题也会在一方或双方出现。当这种情况发生时，合伙人之间进行适度的调解就是必要的。SFR 就是进行调解的好例子。最近几年，沃达丰公司倾向于将公司与它的全球组织在战略以及品牌上一体化，但是威望迪却始终拒绝放弃这一最好的现金收入业务。双方进行了长时间激烈的公开的法律争论。[24] 如果情况发展需要进一步使投资或者业务范围超出法国，抑或进入其他领域的话，这都将对 SFR 不利。只要这种状况继续下去的话，沃达丰公司是不可能让 SFR 发展超出法国的。另一方面，只要它还没有完全控制 SFR，那么沃达丰公司也不能将 SFR 纳入它的全球发展战略之中。相同的道理也适用于威望迪，它也不能将 SFR 以及它的其他资产并入它的电子通信业中。如果不澄清 SFR 是像沃达丰公司的董事长和 CEO 定义的那样[25]是沃达丰公司家族的一个成员，还是它只是一个法国的移动通信运营商，那么这些问题是无法解决的。

第7章 战略联盟和合资企业中的身份特征问题

注释

[1] 尽管战略联盟和合资企业这两个词经常被交替使用，但是在内涵上两者是有所区别的。战略联盟并不要求一定要建立专门的合资企业。在本章当中，我们将那些一般意义上的公司联合称为战略联盟，而对那些要求建立独立的公司实体的联合形式称为合资企业。

[2] 关于战略联盟相关问题的综述请见：Inkpen, A. 2001, "Strategic Alliances," Blackwell Handbook of Strategic Management, pp. 409 – 432.

[3] www. airbus. com, Company Evolution, accessed December 13, 2006.

[4] 同上。

[5] *The Advertiser*, October 11, 2006: "Chief Quits in New Crisis for Airbus."

[6] *Australian Financial Review*, February 2, 1996: "Global One in the Big League."

[7] *Exchange Telecommunications Newsletter*, April 17, 1998: "Global One Best Overall Alliance."

[8] *Financial Times*, January 6, 2000: "Sprint Set to End European Alliance."

[9] *Dow Jones Business News*, May 20, 1999: "Global One Venture in Doubt as France Telecom Sues Deutsche Telekom."

[10] *Exchange Telecommunications Newsletter*, May 14, 1999: "Global One Survival in Doubt."

[11] Viesturs Vucins (February1995 – February1998), Gary Forsee (February1998 – July1998), and Michel Huet (July1998 – January2000).

[12] *Reuters News*, June 17, 1997: "Philips, Lucent in $2.5 bln Phones Venture."

[13] *The World Communications News Report*, October 25, 1998: "Philips and Lucent Abort Costly and Overambitious PCC Endeavour Losing $140m/qtr."

[14] *Financial Times*, October 23, 1998: "Lucent and Philips Abandon Mobile Phone Joint Venture."

[15] *The Virginian-Pilot*, May 28, 1998: "Newport News's Two Major

Hospitals, Riverside Health System and Mary Immaculate Hospital, Outline a Joint Agreement That Would End Competition."

[16] *Daily Press of Newport News*, August 8, 1998: "Hospital Considers Alliance."

[17] *The Washington Times*, August 13, 1998: "Catholic Hospital in Difficult Alliance."

[18] 除了身份特征之外，其他一些影响战略联盟组织结构设计的不言而喻的因素主要有：规制理论、合伙人之间各自的市场份额。尽管管理者可以优先考虑这些因素中的一些，但是，他们必须要意识到自己公司身份特征的重要性，并且要准备好去有效地解决问题。

[19] *The Wall Street Journal*, March 17, 2000: "Bertelsmann Set to Sell AOL Europe Shares to AOL."

[20] Société France de Radiotéléphonie 的简称。

[21] 1998年让-马里耶·梅西尔将公司的名字改为威望迪。

[22] 欧洲汽车研究与技术发展委员会（European Council for Automotive R&D）。

[23] 菲亚特是意大利的汽车制造商，拥有菲亚特和蓝旗亚两个品牌。标致雪铁龙是法国的汽车制造商，拥有标致和雪铁龙两个品牌。

[24] 2002年，两个合伙人对簿公堂。威望迪胜诉并且要求对方与威望迪签署了为期四年的永不"侵略"的协议。这个协议2006年到期，因此控制SFR的斗争又重新开始了。

[25] *Dow Jones International News*, February 24, 2004: "Vodafone CEO: SFR Will Eventually Be Part of 'Family.'"

第8章 公司和品牌层面的身份特征维度管理

The Soul of the Corporation

如果你只是一个普通的消费者,对商业战略完全不感兴趣,那么你可能并不知道你所购买的施耐德(RCA)纯平彩电实际上是由TCL多媒体技术控股公司生产的。你甚至都没有注意到TCL是一家中国企业,现在已经成为世界彩电制造业的领军人。2004年它的产值达17 160万美元,超过了韩国的巨头三星公司。那么,在购买电视之前,你到底了解多少或者想了解多少关于制造商的信息呢?答案是并不多。

现在,假设你要买一辆哈雷-戴维森摩托车,那你对它的制造商又了解多少呢?十有八九比起TCL你更了解"哈雷-戴维森公司"。你的知识会在多大程度上影响你决定买哈雷而不是买本田或者雅马哈呢?哈雷的影响肯定很大,因为这个公司的身份特征可以使你的车更显眼。相对于了解生产电视机的企业信息来说,这个对你更重要。

现在我们要问的是,你怎么会在对电视机制造者的身份特征一无所知的时候花一两千美元去购买彩电,而花费大量的精力去关注摩托车的制造商呢?当选购电视机的时候,你可能会看它的品牌,并且会对家喻户晓的施耐德的名字感觉很舒服。在快速考虑一些关键的技术和物理特征(外观、屏幕尺寸、是否笨重、画面以及音质等)等因素并很快进行了价格比较之后,你就可以做出决策了。如果你想知道谁制造了施耐德电视机，电视部门的销售代理甚至不会告诉你是 TCL，因为中国企业故意将自己的身份特征隐藏于它所投资的品牌之后。[2] 但是当你买哈雷时，你知道并且特别关心它的制造商是谁，因为哈雷-戴维森故意将自己的身份特征放在最前面。它想让顾客通过购买哈雷摩托，从而感到自己与专门的公司联系在一起，同属于一个特别的社会团体。

这个例子表明，作为消费者，我们有时买东西时并不知道也不关心谁是它们的制造商。而有些时候，我们却知道并十分关心我们所买商品的制造者的公司身份特征。当我们从管理角度来考虑这些问题时，我们会看到公司往往会有两种相反的战略选择。一些公司，像哈雷-戴维森、棒奥陆弗森、美体小铺、本安杰瑞以及索尼等公司，都故意想让外部人看到品牌和它背后公司身份特征之间的独一无二的联系。相反，像宝洁、联合利华、路易威登轩尼诗、奥驰亚、雀巢和 TCL 等企业都故意不表现出品牌和其背后企业之间的关系。

为了帮助管理者在品牌形象和公司身份特征的关系上做出正确的决策，接下来这部分我们将讨论几种品牌形象和公司身份特征关系混乱的情形，这些情形实际上都影响了品牌的价值。在这些案例的基础上，本章将紧接着讲述管理者应该如何处理品牌形象和公司身份特征之间的关系。接下来，我们还介绍几种类型的组织形式并且为管理者提供一些指引，引导他们预先考虑一些战略以帮助公司身份特征和品牌形象共同发展。然后，我们将考察那些从单一的品牌投资向品牌组合投资转变的企业，我们重点对这一过程中遇到的问题进行讨论。最后我们引入了第5章介绍的身份特征整合框架。我们的目的也是为了向管理者提供一个引导，使他们能在并购后的企业中处理好公司和品牌的关系。

将品牌形象与公司身份特征绑定会损害公司的经济利益 ▶▶▶

商业历史上不乏一些曾经有名的品牌，最后由于它们的母公司没有能力重建自己的身份特征而遭受严重的打击。最近的例子就是宝丽来（Polar-

第8章
公司和品牌层面的身份特征维度管理

oid)和法国万能公司(Moulinex),后者是已经破产的法国小家电制造商。

宝丽来和万能公司的品牌曾经都与独一无二的强大公司的身份特征密切联系在一起,并且一直存在了几十年。但是宝丽来和万能公司的公司身份特征后来却成为它们品牌的严重负担,而且几乎毁了它们的品牌。宝丽来没有完全摆脱即时成像的业务,而且没能摆脱将自己看做法国企业的观点。尽管大众对这两个品牌感到非常亲切并认可它们,但它们仍然出现了销售额和利润的持续下滑。比如说,万能公司在1997年曾经被选为"世纪品牌",共有5 694个法国家庭和11 438名15岁以上的公众参与了本次投票,但同时万能公司却正处于破产的边缘。

这两个案例中,它们的品牌只有在其母公司真正地消亡之后才能得到拯救。图8—1表明了宝丽来的破产。正如你所看到的,它的股票价格从1997年中期时的60美元一路下滑,直至2001年末的零元。宝丽来品牌后来被一家私人基金——第一股份伙伴有限责任公司(One Equity Partners)接管,它于2002年花5 200万美元购买了破产的宝丽来的大部分股份。投资者清算了宝丽来公司,剥离了宝丽来品牌。后来他们又建立了一家新的公司,试图给宝丽来品牌注入新的生命力,这个品牌不再与即时成像业务有密切联系了。三年后,他们将新的宝丽来公司

图8—1 宝丽来公司股票价格走势(1997—2003)

数据来源:Datastream.

卖给了美国消费电器集团——彼得斯（Petters），一共卖了4.26亿美元。[3]通过将品牌从失败的母公司中解放出来，第一股份伙伴有限责任公司获得了可观的利润。

万能公司的经历也与之类似。尽管1986—2001年连续三任的管理团队都试图拯救这个法国企业，但是最终它还是走向了破产。它的品牌至今仍然在法国赛博（SEB）手中，而赛博公司曾是万能公司在法国的主要竞争对手。

宝丽来和万能公司的案例表明当母公司的身份特征正在急剧下滑时，一个曾经有价值的品牌如何因为与母公司的紧密相连而处于危险境地。做一个相反的假设，公司组织也可能因为和一个下滑的、有争议的无效品牌联系紧密而处于不利地位。虽然这种情况不经常发生，但也是可能的。1999年，在美国销售的"巴黎水"瓶子底部有苯化合物。那时候佩里尔资源公司（Source Perrier）拥有这个品牌。它不得不从公司撤资，"巴黎水"在世界范围所有的股票都大幅下跌[4]，同时公司的产品也从所有的超市中下架。这次事件深深地伤害了佩里尔资源公司。这个公司于1948年由古斯塔夫·利文（Gustave Leven）建立，他将公司从位于法国维吉斯小镇（Vergèze）的一家小矿泉水厂发展成为世界闻名的品牌，它显著的标志就是经历了"负荷训练"后的绿色瓶子。当公司无法摆脱困境的时候，公司选择被瑞士的商业巨头雀巢公司收购，并且与"雀巢矿泉水"融为一体。但是因为利文没有预料到他的在世界范围内成长起来的品牌有朝一日也会消亡，所以在并购几个月后，78岁高龄的他被迫在"刺耳的议论声"中退休了。

我们并不责备利文没有更早预见到导致他公司没落的事实。我们的观点在于用这个案例来强调品牌形象与公司身份特征之间的不同，并且说明当其中一方出问题的时候必然会影响另一方。

品牌形象应该在多大程度上依赖公司身份特征？
反之又如何呢

下面提到的案例是关于身份特征维度另一个比较重要的方面：非常

第8章
公司和品牌层面的身份特征维度管理

关注身份特征维度的管理者会深入思考公司身份特征和品牌形象相结合的最佳程度。在权衡选择的时候，他们首先需要知道消费者中有多少人关心公司的身份特征，有多少人关心产品的品牌，或者有多少人两者都关心。若消费者只关心品牌，那么公司就会从时间和资金上加大对公司品牌的投资，从而使公司自身的身份特征变得相对不重要。相反，当消费者大都关心产品的生产厂家时，如果选择隐藏公司的身份特征就会降低公司的生产效率，尤其是公司的产品对健康、伦理或环境有负面作用的时候。

毫无疑问，这些案例中的大部分都存在于客户毫不关心或对公司的身份特征非常敏感的极端情形下。TCL多媒体技术控股公司和施耐德以及汤姆逊电视机公司联合，就是因为担心客户一旦知道所购买的是由中国生产的电视机便会对它们的产品态度冷淡。土耳其的电子厂贝科（Beko）也用类似的途径与德国的传统品牌根德（Grundig）联合。2004年根德由于业绩急剧下滑，最后以一亿美元的价格被贝科收购。[6]尽管贝科的管理者重组了公司在土耳其的制造运营体系，但是他们却尽量对根德品牌的新产权轻描淡写。埃里克·德米尔（Eric Demircan）是公司主管市场营销的副总裁，他对公司这样做的目的有着清晰的认识[7]：

当我们开始收购根德时，我们就决定必须要小心翼翼地来经营这个品牌。我们不想强调我们收购根德是为了使它成为一家土耳其公司。因为这个品牌具有它们国家特有的风味。我们不想失去根德作为德国品牌的感觉：可靠、耐用，可能还带一点点保守。

TCL和贝科的案例都说明这样一种情形，如果品牌与某个特定企业联系得过于紧密，将会导致品牌资产净值受损。在这样的情况下，公司身份特征与品牌形象有明确的划分对于公司而言将是更有利的。佩里尔资源公司意外被雀巢收购表明当公司的身份特征与特定的品牌有密切联系时，对企业也是没有好处的。奥驰亚是另一个有趣的例子。尽管它通过销售香烟赚取了大量的利润，但是它并不想让它自己的名字出现在万宝路以及其他香烟品牌的背后。假设卡夫食品公司的身份特征与品牌形象相分离，并且在食品行业进行多元化投资，那么它就可以避免由于经营具有高度争议性的巧克力产业而引起的风险。

整合的另一个类型就是当这对其中一方有明显的益处或者对双方都有利时，公司身份特征和品牌形象之间的紧密联系便是合适的。棒奥陆弗森的管理者因为强调了斯堪的纳维亚的历史根基和整体理念而成功塑造了这个品牌的辉煌。反过来，这个品牌的好声誉又使公司的销量增长，并且生产效率也有所提高，公司进入了一个良性循环当中（如图8—2）。在被联合利华收购前，相同的事情也发生在本安杰瑞身上。在所有的这些案例中，公司身份特征都是客户价值主张中很重要的一部分。联合利华面临的最大挑战就是在要求将本安杰瑞与公司并为一体的时候避免损害它独一无二的身份特征。

棒奥陆弗森公司(1994年1月7日—2007年6月1日)

棒奥陆弗森公司 ——　　标准普尔500指数 ——　　单位：丹麦克朗

图8—2　棒奥陆弗森公司股票价格走势

数据来源：Datastream.

达能公司的案例表明了一个公司是如何从拥有一个特别品牌的身份特征中受益的。BSN的名字在1994年6月被众所周知，该公司主营玻璃制品。这个名字来自达能公司20世纪60年代合并的三家法国中等规模的玻璃制造商名字的首字母。20世纪70年代当瑞布（Riboud）实现了成为世界玻璃制造商的领导者的野心之后，它开始出售玻璃制造业务并且进行了一系列食品领域的兼并活动。到20世纪90年代为止，BSN实际上已经成为一家食品公司了，但是它的身份特征依然与玻璃制造紧密相关。为了向外界传达公司已经完全转型的信息，瑞布决定将公司的名字重新命名为最初的名字——达能。由于以一个世界著名的、广受尊重的品牌名字来命名，因此达能公司始终受益于它的声誉和公众赞誉。这个决策也意味着公司最终成功地翻过了作为玻璃制造商的历史一页，开始在食品行业书写新的篇章。

AT&T 被西南贝尔公司兼并之后也经历了名字的改变，这为我们提供了近期的案例，来说明一个公司是如何试图从品牌的声誉中获益的。因为98％的美国人都对 AT&T 的名字有好感[8]，它甚至在全球都是尽人皆知的。但是与达能公司不同的是，AT&T 的名字长期与业绩下滑、在撤销管制和技术革新中无力寻找出路的电子通信公司的身份特征紧密地联系在一起。如果将西南贝尔公司改名为 AT&T，那么对于外界的身份特征管理可能是好事，但是对于内部身份特征而言却存在问题。西南贝尔公司的员工可能很难认同一个有着失败业绩的公司名称。

在美国西部航空公司（America West）进行合并时，决定要用美国航空公司（US Airways）的名称时，也出现了相同的问题。尽管美国航空公司比美国西部航空公司在全美有更高的知名度，但是它却有近20年的管理失误，这深深地伤害了员工的忠诚度，甚至差点将它推至破产的边缘。

评估品牌形象与公司身份特征之间的关系

之前的案例都表明在公司的身份特征与它的品牌形象完全等值的情况下，有时有利于双方发展，有时对双方却是有害的。这些例子也表明在一些情况下谨慎地保持品牌形象与公司的身份特征之间的区别对公司是有利的。那么这对管理有何意义呢？为了回答这个问题，我们研发了一个矩阵，对公司身份特征和品牌形象之间的关系加以区分。这个矩阵也可以为那些正在处理两者关系的管理者们提供实践上的指导。

这个判断性的矩阵可以用表8—1来概括。横向区域分了两种情况：公司身份特征和品牌形象是紧密联系还是相互分离的。纵向区域分了公司身份特征和品牌形象是相互促进还是对一方或双方是不利的。

表 8—1　　　公司身份特征和品牌形象之间关系的判断

	两者关系出现问题	两者关系正常
公司身份特征与品牌形象紧密联系	1. 双方无法相互依赖 品牌由于与一个业绩下滑的公司身份特征紧密联系而受到了损害，或者公司身份特征由于过于依赖某一个品牌而遭受损失。	2. 良性循环 品牌由于与唯一的公司身份特征相联系而受益，而公司身份特征也因为拥有某一品牌而获益。
公司身份特征与品牌形象相互分离	3. 缺乏协调 公司身份特征不能为品牌形象增加价值，或者多种品牌组合在公司运营过程中发生冲突。	4. 品牌所有权得到了独立的保护 品牌有自己的生命并且可以不依靠公司的运营而得到长足发展。

情况 1 和 2 在之前的讨论中已经非常详尽地说明过了，就不再赘述。情况 4 在土耳其的贝科和中国的 TCL 如何故意避免将自己的公司身份特征与欧美已经发展得很好的品牌相联系的案例中进行了部分描述。宝洁公司的案例表明了另一种类型，即公司身份特征和品牌形象相分离对双方都有好处。通过使单独的品牌有自己的生命，这种方法允许品牌管理者将花在管理与其他品牌的界限以及处理公司层面问题的时间和精力用于只关注自己品牌的消费者和竞争者。这种方法使宝洁公司在品牌自身的层面建立了更多的品牌价值，并且给予宝洁从品牌组合中增加或减少那些与客户忠诚度没有显著因果关系的单独品牌的能力。当能使得品牌在顾客眼中提升自己的身份特征时，宝洁公司也在为建立一个独特的公司身份特征而努力。该公司也作为一个消费品领域的领军人物被供应商、零售商、员工、投资者以及商业记者所熟知。同时，它也投资了一些品牌，提升它们的知名度，但是消费者并不知道他们喜欢用的肥皂或纸尿裤品牌也来自宝洁。

强生和法国著名的奢侈品品牌路易威登轩尼诗为我们提供了另一个成功分离公司身份特征和品牌形象的案例。联合利华公司的案例又表明了这种方法的局限性，它是情况 3 的一个好例子。迄今为止，联合利华公司一共拥有 1 600 个消费品牌。但是品牌的广度和市场的领导者地位并没有帮助它建立一个强大的公司身份特征。近 20 年里，联合利华的公司身份特征都受制于它的美国—荷兰的双重身份，这种双重身份是问题产生的源头,而且还强化了双重的管理体制。这种体制使得公司无法有效地促进品牌的发展。品牌和它的公司之间缺乏积极的协调,从而导致了公司缓慢的增长以及停滞不前的利润率。这直接反映在业绩不佳的股票上,与宝洁公司形成了鲜明的对比(如图8—3)。

图 8—3 联合利华公司与宝洁公司的股票价格走势对比 (1994—2007)

数据来源:Datastream.

为了促使公司恢复之前的利润增长,联合利华的前任管理层在品牌组合上采取激进疗法,将它的产品种类从1 600种削减到400种,并且收购了一些有增长潜力的业务,比如本安杰瑞、瘦得快、联合利华食品公司。[9]图8—3表明这一策略对股票的增长是有积极作用的,但是这种积极作用并没有持续太久。这也使得分析家和评论员们对联合利华管理层采取的激进削减策略产生了质疑。[10]这意味着联合利华必须要废除双重的身份特征和权力结构。被期待已久的改革终于在2005年2月得以实现,公司宣布只有一个董事会和一个首席执行官来掌管联合利华所有的业务。

由单一品牌向品牌组合转变时的身份特征管理

由全球化引起的企业合并已经导致了许多曾经只拥有单一品牌的公

司兼并其他公司及品牌。在汽车行业，福特公司兼并了英国捷豹（British Jaguar）、揽胜（Range Rover）以及瑞典沃尔沃公司。德国大众汽车兼并了西班牙的西雅特以及捷克的斯柯达。戴姆勒—奔驰兼并了克莱斯勒及日本三菱公司，使其加入了奔驰之星品牌。在这三个案例中，从单一品牌向多种品牌转移都给管理者带来了很大的挑战。为了获得合并的规模经济效益，管理者都试图最大化整合程度。这就意味着要分解被合并的公司，并去除它们自己的身份特征，从而使得它们的品牌能够完全融入到新的母公司中去。但是在市场上，很多整合进程都对一些品牌造成了损害。在这方面，福特公司和德国大众公司向我们展示了管理者会遇到的两种典型情况。尽管福特和捷豹品牌之间分享着同一个平台、部门以及生产能力，这对福特有经济意义，但是捷豹公司的顾客并不喜欢这个安排：

福特发现当它为了节约成本以及提高速度，设计了 X 型号的小捷豹—蒙迪欧型号时，却遭到了认可体积大且昂贵的捷豹品牌的顾客的强烈反对。X 型号没有取得预想的成功，它试图为那些不能接受公司更大车型的驾驶者带来新的选择，但是这种做法也减少了这个型号的吸引力。[12]

德国大众的管理者不得不去处理另一个与此相反的问题。在这个案例中，整合的有害影响主要反映在原有品牌上，而不是新兼并的品牌。为了强调西雅特和斯柯达在大众公司中的成员地位，公司将大众的核心技术都给了它们，这种做法就可能损害原有品牌的身份特征。随即，顾客都愿意购买斯柯达明锐或西雅特莱昂，这比购买类似型号的大众帕萨特或高尔夫要节约 6 800 美元。尽管大众公司的兼并会明显增加西雅特和斯柯达的价值，但这也会导致大众品牌更高的价格。戴姆勒—克莱斯勒的管理者在试图将梅赛德斯的技术传递给克莱斯勒品牌时也遭遇了类似的问题。

福特和德国大众公司应该学习丰田公司成功运营凌志汽车的方法。尽管汽车设计和生产是由丰田公司进行的，但是公司在市场上的管理却给予凌志汽车自有的品牌形象，并且将丰田公司身份特征与丰田品牌形象进行了明显的区分。这可能应该归功于公司在组织结构上给予了凌志汽车团队以自治权，同时授权它可以享用丰田研发的优势以及品牌需要的零售市场政策。为了使得消费者不将凌志汽车看做是高价格的丰田车，丰田公司还赋予这个品牌必要的、可以清晰区别的产品特征。通过这一战略，丰田公司可以给凌志汽车的消费者以真正的凌志汽车，而且在丰田品牌的担保下，这种战略可实现的收益也不会减少，同时，这也使得丰田公司成为世界上最好的汽车制造商之一。这种方法使得丰田公司将自己的身份特征作为一个新品牌的平台，使之没有受到丰田品牌的干扰，也没有对丰田品牌造成损失。丰田在收购主要是面向年轻一族设计的赛恩汽车时也采用了相同的方法。

并购后的公司身份特征和品牌形象管理

前面探讨兼并和收购时往往会提到两个问题：管理者应该保留并购前公司的所有品牌还是只保留其中的一些呢？管理者应该保留合并前公司的全部身份特征还是应该只保留其中的一部分呢？

第一个问题的答案取决于品牌间的重组或协调，也取决于一个品牌被终结或出售而不损失相应的销售额和利润的容易程度。第二个问题的答案，我们可以回顾我们在第5章中讨论的关于身份特征整合的四种类型。在身份特征整合框架的基础上，我们建议管理者在思考保留还是消除公司身份特征的时候要对两个问题有所关注。首先，对于未来的发展，被保留的品牌多大程度上依赖于原有的特殊的公司身份特征？其次，合并后的公司整合有多少潜在的效益？这两个问题的含义表现在表8—2中。

表 8—2　　　　并购过程中的品牌形象和公司身份特征管理框架

	公司整合的潜在收益很高	公司整合的潜在收益很低
品牌有独立于特定的公司身份特征之外的独特身份特征	类型 1：殖民型整合或共生型整合	无
品牌的形象非常依赖于特定的公司身份特征	类型 2：联邦型整合	类型 3：同盟型整合

当从公司整合中可以获得很高的潜在收益，且品牌可以脱离合并前的公司而独立存在时（类型1所示），管理者进行完全的身份特征整合就是安全的。至于是殖民型的还是共生型的，这取决于合并双方公司的力量均衡情况。比如，大众公司在合并西雅特和斯柯达时就可以采取殖民型的整合，因为两个被兼并的公司的业绩相对较弱，不能支持品牌的发展。

当公司整合中可以获得的潜在收益处于中等水平，而且品牌依赖于它们的公司时，比如雷诺/日产公司，那么可以采取联盟型的整合。

综上所述，我们强调公司整合的潜在收益以及品牌对特殊公司身份特征的依存度是管理调整中的重要问题。比如说雷诺/日产公司，管理者可能会被公司的高度整合可以获得潜在的高收益说服，但是它们故意避免高度整合的发生，以便使公司在实现完全的整合之前有时间来缩小双方精神上的距离。

瑞银集团的高层管理者作出决策，将闻名全球的公司身份特征和品牌名称应用于所有的业务。[13]这意味着公司身份特征和品牌形象都可以随着时间得到发展。经过多年发展，并且兼并了大量的公司和品牌之后，2002年瑞银集团公司的管理层认为将所有业务整合在一个品牌之下的时机已经成熟了。首席沟通官马克·布赖森（Mark Branson）在《金融时报》中对此作了解释[14]："20世纪90年代是兼并拉动增长的十年……一旦我们开始关注有机的扩张时，我们就不得不更多地关注品牌了。"

是否要消除被兼并的品牌并且将瑞银集团的名字强加给所有的业务和领域，要与是殖民型、还是共生型或是联邦型的整合模型相匹配，在公司身份特征层面不能很容易地区分我们所知道的内在过程。

雷诺/日产和瑞银集团的案例表明单个的品牌可以严重依赖特定的公司。但是有些时候，管理者可以有意弱化这种依赖关系并且让品牌在一个新公司中得到新生，或者运营一个新品牌。与之类似，如果公司整合的潜在收益在合并之初被低估了，管理者可以通过合并后企业第一阶段的组织上和心理上的协调一致来实现它的增长。

注释

[1] TCL Multimedia Holdings company Web site, http://overseas.tcl.com/news/new.asp.

[2] TCL 的品牌组合包括汤姆逊和施耐德电视机公司以及阿尔卡特移动电话公司。

[3] *Financial Times*, January 10, 2005: "Petters Pays Dollars 426m to Acquire Polaroid."

[4] *Financial Times*, February 15, 1990: "Perrier to Destroy World Stocks After Benzene Find."

[5] *Financial Times*, June 30, 1990: "Perrier Founder Retires on Sour Note."

[6] CNN.com, January 17, 2005: "Turkey Switches on to TV Market."

[7] 同上。

[8] Company research reported in *Financial Times*, October 29, 2006: "SBC to Resurrect AT&T Name."

[9] *Business Week*, August 6, 2001: "Unilever Restocks."

[10] *Financial Times*, January 28, 2005: "Pressure Grows on Unilever to Ditch Twin Chiefs."

[11] *Financial Times*, February 11, 2005: "Unilever Shake-up to Halt Slide: Anglo-Dutch Company Sidelines Co-chairman to Appoint First Sole Chief Executive."

[12] *Financial Times*, September 23, 2004: "How Two Detroit Dreams Game Off the Road."

[13] *Financial Times*, April 18, 2005: "Three Letters Gain a Personality: UBS, Europe's Biggest Bank, Has Collapsed Its Multiple Brands to Focus on a Single Global Name."

[14] 同上。

第9章 身份特征维度管理大师

> The Soul of the Corporation

本章会提到四位领导人,尽管他们所领导过或者正在领导的企业处于不同的领域和行业,但是他们在三件事情上是有共同点的。首先,在他们所供职的公司遇到严重的业绩问题时,甚至是在生死存亡关头,他们四个人都接任了公司的最高职位。史蒂夫·乔布斯在苹果公司前两任CEO的任期内业绩下滑严重时被召回公司,拯救公司。美体小铺的彼得·桑德斯(Peter Saunders)在公司经历了几年严重的业绩问题后接管了公司的最高职位。路易斯·郭士纳在其前任被解职之后被引进了IBM公司。卡洛斯·戈恩在雷诺接管了实际上已经破产的日产公司之后担任了总裁职务。其次,他们四个都带领公司进行了引人瞩目的转型,并且实现了令人赞叹的股东价值增长。最后,他们都是身份特征维度管理方面的大师级人物。他们对自己的公司身份特征都有自己独特的理解,并且每个人都有效地将这种理解运用到现实当中,并取得了显著的效果。

史蒂夫·乔布斯通过重新强调技术革新和设计使得苹果公司与其历史身份特征和谐一致。彼得·桑德斯发挥美体小铺的独特的身份特征的作用,并且将它作为一个平台,使得公司得到复兴,使它的品牌重新恢复。路易斯·郭士纳拓展了IBM作为信息科技公司的身份特征,以前它只是以生产大型计算机为主要业务，现在这些业务只成为 IBM 众多深层次技术项目中的一部分。最后，卡洛斯·戈恩对日产公司实行休克疗法，同时注意维护它自己的身份特征。

史蒂夫·乔布斯

"苹果公司又找回了自己。"这是 1998 年 11 月《财富》杂志一篇报道的标题的一部分[1]，这篇报道记录了乔布斯重新回到公司执掌大权的重要意义。1976 年乔布斯和别人一起创建了该公司，却于 1985 年被迫离开了公司。5 年前，《财富》杂志就对乔布斯的离职做了相关的报道，他是被开除的，当时报道的标题是《不合群的人离开》。[2]

在斯库利（Sculley）离职和乔布斯回来的这五年中，公司和它的员工们经历了连续的危机。苹果的处境相当危险，以至于迈克尔·斯宾德勒（Michael Spindler，1993—1996 年任 CEO）差点将公司拱手出售给 IBM、太阳微系统公司、荷兰消费电子集团。[3] 吉尔·阿梅里奥（Gil Amelio）曾经使美国国家半导体公司得到了转机，他是斯宾德勒的继任者，但是却没能阻止住苹果公司业绩的继续下滑。苹果公司的亏损进一步加大，从 1996 年的 8.16 亿美元增至 1997 年 10.45 亿美元（见图 9—1）。在斯宾德勒和阿梅里奥任职期间下，苹果的股价持续下跌，而与此同时其他公司却在互联网浪潮的浪尖上获取了高额的利润。

斯宾德勒和阿梅里奥没能拯救苹果公司，但是苹果的病因却是由斯库利种下的。尽管斯库利为苹果带来了销售额的高速增长，在他任职的十年间从 9.83 亿美元增长到了 80 亿美元，他取得这些增长的主要战略就是传统的降低成本和价格竞争。这种战略与苹果公司的核心员工和忠实顾客所认为的苹果公司的本质是不一样的，甚至连行业中的专家和评论员也都是这样认为的。进一步而言，苹果的收入增长在斯库利在位的最后几年是以损害利润率为基础达到的，公司的股票价格和市场价格之间存在着巨大的差距（见图 9—2）。

《财富》杂志的文章《不合群的人离开》很好地概括了大家的观点，

在那时候，斯库利的方法与他所服务的公司的理念是一致的。

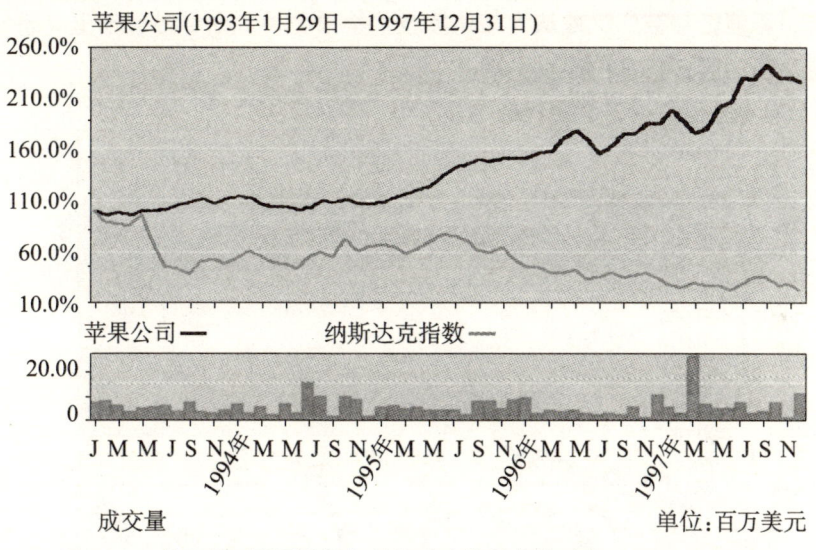

图 9—1　苹果公司股票价格与纳斯达克指数走势对比（1993—1997）

数据来源：Datastream.

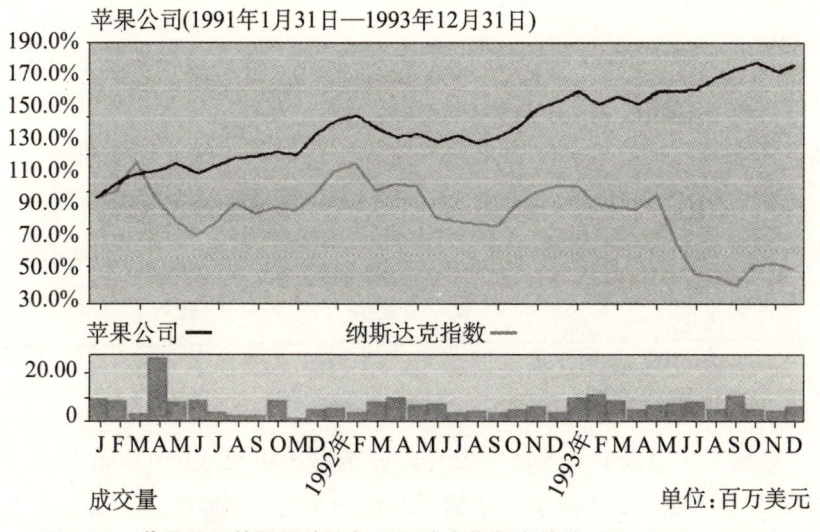

图 9—2　苹果公司的股票价格与纳斯达克指数走势的对比（1991—1993）

数据来源：Datastream.

快到 2006 年的时候，苹果技术革新的声誉终于恢复了，公司的净收入已经达到了 13.35 亿美元，销售额为 139.31 亿美元。

尽管乔布斯是在公司意见不统一的情况下作为临时的 CEO 回到了公司，但是却被广泛地认为是他拯救了苹果公司，在金融市场上又重新使公司的股票实现上涨（见图 9—3）。

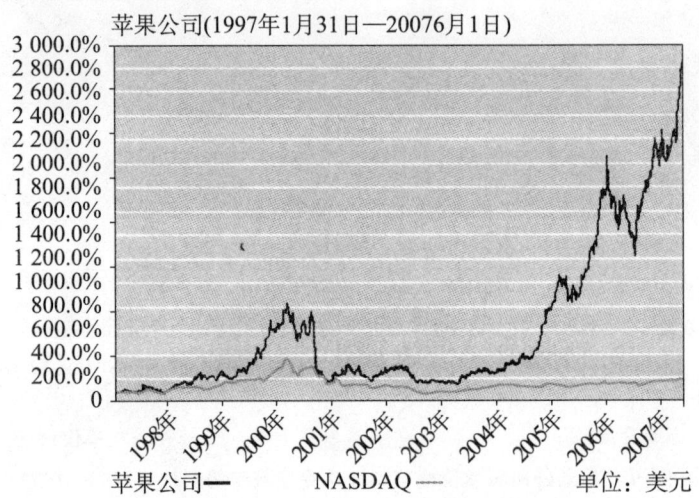

苹果公司(1997年1月31日—20076月1日)

图 9—3　苹果公司股票价格与纳斯达克指数的走势对比（1997—2007）

数据来源：Datastream.

乔布斯将苹果公司从灾难的边缘拉了回来，使其重新恢复了技术革新的根本，并恢复了它的技术和商业战略相一致的历史身份特征。乔布斯抓住一切有利的机会来强化这一宗旨。比如，在他重新任职的一年后，官方发布了 iMac 一体机，这一产品是新苹果公司的浓缩反映，他生动地表达了自己的观点：

如果你刚从火星上旅行归来，看到这个产品，你会说："哦，让我猜猜，它是……？"你希望它会是苹果电脑。苹果公司已经又回归了它的根本，开始了技术创新。[4]

在同一个会议上苹果首席设计师乔纳森·伊夫（Jonathan Ive）也强调："技术创新是苹果公司不同于其他公司的根本原因。"

对于那些怀疑者，他们质疑苹果的市场领导力，在在线音乐和消费类电子产品中的高额利润是否已经使得苹果公司日渐远离了个人电脑行业。乔布斯指出：

关键在于苹果最根本的基因并没有变……过去的 20 年里，苹果几乎都是站在个人电脑和消费类电子产品趋于一致的基础上。所以我们没有必要从一种业务走向另一种业务,而是另一种业务正在走向我们。

今天的苹果公司与1976年的公司是一样的,还是不一样的,这是一个哲学问题,但这并不重要。更为重要的是,乔布斯已经使得公司内外一致认为苹果公司已经回归了他的前任曾偏离的公司本质,他成功地表明了苹果公司过去、现在和未来之间的连续性,并且坚持使公司的战略与这个叙述相一致。

彼得·桑德斯

在经过了连续20年的增长和利润率增加之后,对于美体小铺和它的创始者安尼塔和戈登·罗迪克(Anita and Gordon Roddicks)而言,20世纪90年代中期是他们最难过的时期。1976年,他们创建了美体小铺,主要出售自制的天然个人护理产品,并且非常热衷于社会公益活动。公司已经发展了一个跨国的零售网络。但是美体小铺的金融业绩却滞后于它的社会活动。

尤其是,1989年公司开始在美国开拓市场,这一行动几乎是无利可图的,并危及了罗迪克的管理理念和实践。安尼塔的政治活动和她对第一次海湾战争的反对立场使得他们与总经销商之间出现了隔阂。她坚决采用传统的广告并且非常依赖公开的社会活动来增加人们对美体小铺的认识,但这并不适合美国的市场。美国的市场竞争是非常激烈的。最后,美体小铺最初独特的全盘准则以及注重用自然原料生产的特点很快便被全球的竞争对手模仿,这破坏了公司的差异化战略。

美体小铺的股票价格日渐下滑(见图9—4),罗迪克也因此受到周围人们的谴责。在核心业务战略中推行社会责任的试验也因此而失去了其闪光点。

罗迪克最初的反应就是股票市场没有也不能理解美体小铺是如何与众不同的,于是他们试图使公司私有化。[6]此时,罗迪克拥有公司25%的股份,要想从股市中摘掉美体小铺这个牌子,必须使股票增长至

5.808亿美元（3.8亿英镑）。但事实证明这是非常困难的。几个月后他们放弃了这个想法。

美体小铺(国际)(1990年1月30日—1997年12月31日)

美体小铺 —— 英国富时指数 ——

成交量　　　　　　　　　　　　　　　单位：百万GBX

图9—4　美体小铺公司股票价格与英国富时指数的走势对比（1990—1997）

数据来源：Datastream.

在一份声明中，安尼塔·罗迪克和她的丈夫——总裁戈登·罗迪克说将公司私有化会增加日益增长的负债。[7]

这份声明令投资者更加失望，同时也表明美国的环境正在恶化。美体小铺1997年损失了590万美元，1998年损失了338万美元。随着压力逐渐增大，安尼塔·罗迪克决定将职位让给别人，与她的丈夫共同担任非执行董事长，将首席执行官的职位让与了帕特里克·顾奈（Patrick Gournay），他是从达能聘请来的一名职业经理人。他们将美国业务的所有权转移给了美国投资者艾德里安·贝拉米（Adrian Bellamy），建立了合资企业。贝拉米曾经是美体小铺的董事会成员。[8]美体小铺在全球拥有1 500家店面，其中它在美国就拥有290家店面。为了使得美国业务好转，贝拉米雇用了加拿大人彼得·桑德斯，他在零售行业有着稳定的业绩。

由桑德斯分管的在美国销售医药的业务业绩效果很好，但是美体小铺的整体业绩仍然比较低迷，且不稳定，如图9—5所示。而与此同时，罗迪克正在为公司寻找买主。[9]

罗迪克意识到公司将不会好转，因而不如将公司卖掉。2002年2

月，他们将美体小铺的主席地位让给了艾德里安·贝拉米，他们仍然作为非执行董事长留在董事会中。彼得·桑德斯作为美国业务的首席执行官，被任命为公司的首席执行官。[10]

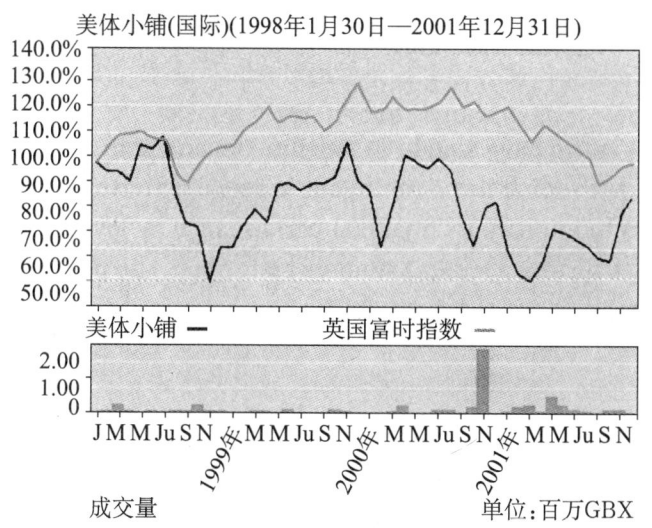

图 9—5　美体小铺公司股票价格与英国富时指数的走势对比（1998—2001）

数据来源：Datastream.

在任命彼得·桑德斯后的四年里，公司的业绩有了提升，股票表现跑赢了伦敦金融时报指数（见图 9—6）。

图 9—6　美体小铺股票价格与英国富时指数走势对比（2002—2006）

数据来源：Datastream.

桑德斯似乎应该对公司及其宗旨进行重新定义，抛弃它热衷于社会活动的一面。但是相反，他却试图通过恢复公司历史上的核心业务来改进经济效益。桑德斯重申了美体小铺对社会责任的承诺，并且继续对社会问题表示关注和支持。公司的网页上继续强调："反对动物实验、支持社区公平交易、唤醒自觉意识、捍卫人权、保护地球"。在网站的其他地方我们还可以读到以下内容：

实践主义是美体小铺不可缺少的一部分。过去已经证明它是一个特别的合伙制企业，在全球拥有上百万男人、女人以及小孩等不同性别、不同年龄的顾客和合伙人。那么未来将会如何呢？产品的独特组合、公司发展的激情以及合伙制将会使美体小铺的故事继续发展下去。这是一个共同的愿景。因此这项伟大的实验还将继续下去。[11]

桑德斯在向公司内外承诺坚持美体小铺以前的唯一宗旨的同时，还试图通过差异化战略提高公司的经济业绩。这些差异化战略与公司的身份特征是一致的，主要是升级公司的品牌，将其定位于在便宜的大众市场品牌和高端奢侈品牌之间：

彼得·桑德斯说过美体小铺的品牌应该可以提供雅诗兰黛、倩碧、伊丽莎白的更便宜的替代品。他相信这将使得美体小铺定位于大众品牌和奢侈品牌之间。[12]

为了更好地执行他的"大众精品"战略，桑德斯升级了产品系列，并且翻新了店面设置，以吸引富裕的成熟人士。虽然公司在历史上的成功是由于面向那些缺钱的青少年，但在桑德斯看来："这里有个包，如果用恰当的语言概括它，那么这就是为年轻人而设计的品牌。""我认为那些依稀记得我们往昔模样的曾经的年轻人不会给我们机会允许我们变老。"[13]

桑德斯的主要成就在于他更新了美体小铺的内部管理和外部定位，同时还强调了公司对它本质宗旨的坚持，这样做使得他避免了约翰·斯库利在苹果公司以及菲奥莉娜在惠普时所遭遇到的身份特征冲突问题。美体小铺的故事尽管很少发生，但它从创始人到职业经理人转换是非常成功的，而且表明后者是如何通过发挥公司身份特征的作用而不是将公司的身份特征进行分解，从而为公司创造价值的。在 2006 年公司进行了兼并之后，欧莱雅决定将美体小铺作为一个独立的公司来运营，仍然由桑德斯担任 CEO，这进一步证明了桑德斯对公司身份特征维度所坚持的途径是正确的。

路易斯·郭士纳

在近 20 年内 IBM 都毫无争议地占据着世界范围内计算机行业的领导者地位。20 世纪 80 年代，IBM 作为新一代的技术公司从已有的框架中走了出来，并生产了更便宜、更多功能的个人电脑，使之成为大型计算机的替代品。IBM 曾经有令人艳羡的利润率，但随着信息技术花费在个人电脑中的直接比例逐渐升高，利润逐渐变得微薄。当 1984 年秋天约翰·艾克斯（John Akers）掌管公司后，他在没能预见到问题的深度和广度的情况下就开始带领公司前进了。

在他任职两年之后，危险信号就逐渐加强了，正如《商业周刊》下面这段话所说的那样[14]：

公司已经连续 7 个季度经历收入的缓慢增长和总收入的逐渐下降，第三季度的利润率已经下降了 27%……IBM 的股票曾一度是蓝筹股，现在已经从 6 个月前的 161 美元的高度下降了 25%。公司整个市场价值目前只有 750 亿美元，比之前的 970 亿美元有所下降。20 年前公司的股票回报率是标准普尔 500 指数平均回报率的两倍，但是现在只有 1.4 倍了。

为了恢复 IBM 的经营业绩和往日辉煌，艾克斯削减了员工数量，极度压缩成本，并且重组了公司 13 条基础的生产线和一条全球销售业务线。[15]遗憾的是，他一连串的措施并没有产生预期的效果，如图 9—7 所示。IBM 的股票表现不佳，价格持续下降，在他任期内已经无法跑赢标准普尔 500 指数。

艾克斯计划将 IBM 分割为几个"蓝色婴儿"，这一计划遭到了董事会的反对,并将他立刻解职。1993年3月董事会任命路易斯·郭士纳为公司的CEO。郭士纳曾经是纳比斯科公司的总裁兼CEO。《金融时报》这样总结了艾克斯时代[16]:在1985—1994年期间,有将近20万个职位和150亿美元消失了。

图9—7 IBM公司股票价格走势

数据来源:Datastream.

郭士纳出任IBM的最高职位也是饱受争议的。在1993年3月26日,郭士纳被正式任命的日子,《环球邮报》当时用一个生动的标题来表明大众的感受:

一个香烟销售商可以让IBM冒烟吗?聘用郭士纳是否能让蓝色巨人的股票得到升值,答案很难说。他可能在纳比斯科公司主要产品与IBM的主机电脑之间发现一些怪异的相似之处。

这些疑问是很合理的。郭士纳是作为一个局外人介入一直由公司内部人进行管理的IBM的。此外,他是一个市场型管理者,而计算机行业的人们认为深入了解技术是管理像IBM这样一个大而复杂企业的必要条件。在他退休后的十年里,随着IBM的经济状况逐渐好转,人们对当初选择郭士纳的决策已经毫无异议了,因为他实现了IBM的复苏。公司的业绩发生了引人瞩目的变化,郭士纳也被看做是奇迹转变的发动者[17]:

第9章 身份特征维度管理大师

郭士纳接管了一个衰落的、失去方向的、亏损的业务集团，但是却使它发生了完全的转型。英特尔公司总裁安迪·格鲁夫这样说道："在我想象中，没有人能比他为这个公司做得更多了。"结果是十分惊人的，去年就盈利了770亿美元，它比除了微软之外的任何科技企业赚得都要多。IBM的销售额为860亿美元。这几乎是其他科技企业销售额的2倍，这足以使它登上《财富》500强的前10名。

约翰·艾克斯在任时，股票表现落后于标准普尔500指数，而在郭士纳任期内，IBM的股票却保持了近10年连续跑赢大盘指数（见图9—8）。

图9—8 IBM公司股票价格与标准普尔500指数走势对比（1993—2002）
数据来源：Datastream.

那么，郭士纳是如何取得这些在别人看来都是奇迹的成就的呢？[18] 评论家和郭士纳曾经给出了不同的解释[19]，这些解释通常包括这样一些方面：领导风格、战略的重新定位、组织结构重组、品牌管理、沟通战略以及财务驱动。郭士纳用了所有这些因素使得IBM复兴，但是他成功的关键在于他意识到身份特征维度的重要性。当他开始掌管公司时，IBM正深陷于困境之中，他也有多种选择。他可以试图重新改造IBM，把它作为一个成功年轻的IT公司之一，像戴尔或微软那样。他也可以将公司与另一个公司合并，在更大的公司里面逐渐消解公司的困难。更激进的做法，他还可以把 IBM 从 IT 部门中拉出来，把这部分业务卖给那些在这方面盈利的企业。最后，他还可以试图改变公司的名字，毕竟 IBM 已经变成了市场惰性、技术退化和设备老化的代名词。但是有趣的是，郭士纳没有选择任何一种做法。相反，他试图通过尊重 IBM 的一贯宗旨，并重建 IBM 的原有身份特征来拯救 IBM。郭士纳的选择是将 IBM 当做 IBM 来修复，而不是将它改变为另一个公司，这是可以理解的。IBM 品牌虽然备受批评，但是仍然很强大，在一些公司仍然受尊敬。IBM 有着无与伦比的技术，一群有承诺、有才干的员工，以及强大的全球市场。郭士纳不但没有抛弃 IBM 的身份特征，而且还在公司内外重申了大型机的核心地位。同时，他还拓宽公司内外对 IBM 的认识，使之认为 IBM 是一个 IT 服务的综合提供者。[20]郭士纳的最大成就就在于他证明了连续进行大规模改变的可能性。2004 年，公司的服务业务占总收入的一半（4 621.3 亿美元，总收入为 9 629.3 亿美元），占毛利润的 1/3（1 157.6 亿美元，总毛利为 3 603.2 亿美元）[21]，IBM 又回到了它早些年在计算机行业中的地位。而在那时，IBM 只是出售硬件和软件，不提供任何服务，因为顾客还没有项目规划能力，也不知道如何操作电脑。

与让-马里耶·梅西尔所进行的大爆炸式的变革不同，梅西尔是将法国通用水务公司完全消除，重新建立一个新公司；而郭士纳只是明显地变革了 IBM 的战略、结构、技术和文化而已，同时他又向公司内外强化 IBM 依旧是"蓝色巨人"的观点，是独特的值得信赖的公司。

卡洛斯·戈恩

1999 年，当时法国汽车制造商雷诺的总裁兼 CEO 路易·施威第尔冒险投入了 540 亿美元，控股了（37％的股份）日本日产汽车公司。那时，日产正背负着 200 亿美元的负债，它的市值大幅缩水（见图9—9），破产危机正笼罩在这个昔日曾被看做是日本工业霸主的公司头上。

2005年，日产公司已经是世界上最具盈利能力的汽车制造商之一了，它的运营利润率甚至高于10%[22]，它的股票价格也达到了令人难以置信的高度（见图9—10）。也正因为路易·施威第尔的这次赌博，使得雷诺公司成为世界汽车行业中重要且盈利的企业的合伙人。[23]

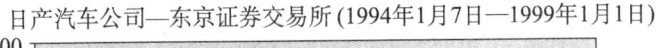

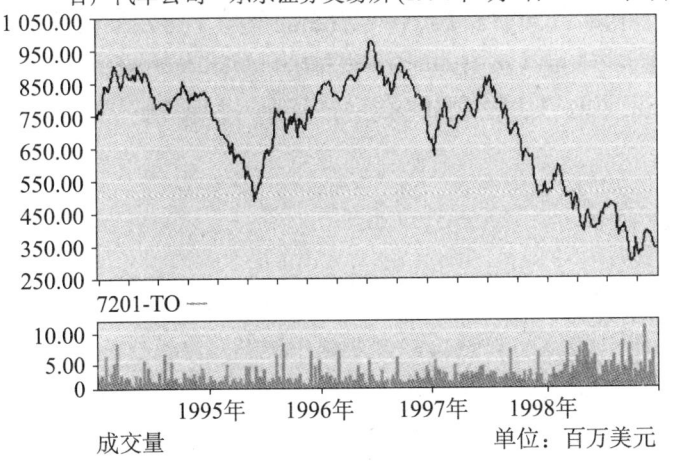

图9—9　日产汽车公司股票价格走势（1994—1999）

数据来源：Datastream.

图9—10　日产汽车公司股票价格走势（1999—2007）

数据来源：Datastream.

卡洛斯·戈恩是被路易·施威第尔派往日产公司的管理者,他被认为是一个当代的英雄。雷诺的投资和戈恩的任命也遭遇了和史蒂夫·乔布斯回归苹果公司、郭士纳被任命接管 IBM 时一样的怀疑。戈恩有很多困难要去克服,而且意见相左的人还排挤他。许多人都怀疑这个最近才私有化的法国汽车制造商能否拯救并管理好濒临破产的日本公司。[24] 戈恩从来没有被任命担任过大公司的最高职位,那时候他的称号就是"成本杀手",他的能力在轮胎制造商米其林中得到了磨炼,同时成功地调任到雷诺。此外,戈恩的作为首席执行官还要向当时的总裁 Yoshikazu Hanawa 报告。经过努力之后,戈恩使日产公司得到了复兴,就像史蒂夫·乔布斯之于苹果公司和路易斯·郭士纳之于 IBM 一样,他也取得了令人瞩目的成就。

戈恩和他所挑选的法国—日本管理团队共同执行他对日产所实施的激进疗法,他们注意尽量谨慎进行,而不伤害公司的身份特征。在解释公司复兴之路时,戈恩不断地强调他努力地改变日产公司但是同时要保留日产的身份特征。他在《哈佛商业评论》上的文章中这样写道[25]:

在公司复苏的过程中,尤其是那些与合并或联盟有关的企业中,成功之处不仅仅在于简单地对公司结构和运营进行基本性的改变。同时,**你也要保护公司的身份特征以及员工的自尊**[26]……正如预期的那样,我们在日本进行的改革,最初公众是心怀不安的,作为一个外国主管,我也遭受了很多批评。但是在日产内部,人们意识到我们并不是要将公司吞并,而是试图恢复它昔日的辉煌。我们取信于员工就是因为一个简单的原因:我们尊重他们。尽管我们在日产公司业务上进行了大规模的改变,但是我们总是注意保护日产的身份特征和它作为一个公司的尊严。

这段评论表明,戈恩已经深深体会到了一个管理者如何通过尊重员工们对他们自己的认识以及对他们共同的家——公司的本质的认识,从而来获得员工们的尊重。他说服公司内外的人,他是要帮助日产公司变为一个创新型的日本汽车公司,就像日产之前一样,这使得他很容易将员工和合伙人团结在这个目标周围,并且能为此做出痛苦的牺牲和奉献。

第9章 The Soul of the Corporation
身份特征维度管理大师

注释

[1] *Fortune*, November 9, 1998: "The Second Coming of Apple."

[2] *Fortune*, July 26, 1993: "Odd Man Out: John Sculley Steps Down as Apple CEO."

[3] *Fortune*, March 3, 1997: "Something's Rotten in Cupertino."

[4] *Business Week*, May 25, 1998: "Back to the Future at Apple."

[5] 同上。

[6] The *Wall Street Journal*, November 1, 1995: "Body Shop Shares Jump on Reports It Will Go Private."

[7] The *Wall Street Journal*, March 5, 1996: "Body Shop Chief Abandons Plans to Take Firm Private."

[8] The *Wall Street Journal*, May 13, 1998: "Body Shop Founder Roddick Steps Aside as CEO."

[9] The *New York Times*, June 8, 2001: "Bldy Shop Is in Talks on Sale to Mexican Company."

[10] The *New York Times*, February 13, 2002: "Body Shop's Founders Give Up Control."

[11] From www.thebodyshop.com.

[12] *Design Week*, July 8, 2004: "Time to Shape Up at the Body Shop."

[13] *Retail Week*, October 22, 2004: "Rebuilding a Brand on Perfume, Not Politics."

[14] *Business Week*, November 17, 1998: "How IBM Is Fighting Back—To Reignite Growth, It's Undergoing Toughest Self-Scrutiny in Years."

[15] The *New York Times*, December 21, 1992: "IBM's Next Remodeling Could Be a Doozy."

[16] *Financial Times*, November 12, 2002: "How Big Blue Game Back from the Brink."

[17] *Fortune*, February 18, 2002: "The Future of IBM—Lou Gerstner Seems to Have Pulled off a Miracle. Sam Palmisano Will Have to Be at Least as Good."

[18] 同上。

[19] Gerstner, L. 2002. *Who Says Elephants Can't Dance? Inside IBM's*

Historic Turnaround, New York, NY: HarperCollins.

[20] 下面这段引文来自 1992 年 9 月 13 日《商业周刊》，用不同的话表达了同一个意思："郭士纳工作的实质就是将 IBM 从电脑公司向技术服务公司转变，而这在互联网时代占据着重要的地位。"

[21] Source: www.ibm.com.

[22] 日产公司的运营收入是 2005 年的 10.04%，2004 年的 11.1%，2003 年的 10.8%。在同一个时期，丰田的运营收入基本保持在 8.76%，9.02% 和 8.49%。（数据来源：Thomson Oner Banker.）

[23] 2006 年初的时候，雷诺拥有日产公司 44% 的股份。2004 年，雷诺创纪录的 45 亿美元利润中，日产公司就贡献了 17.7 亿美元。

[24] 鲍勃·卢兹（Bob Lutz）是现任的通用汽车副总裁，据报道，他说雷诺公司将会更好地利用它斥资 57 亿美元购买的并将其装入特别容器中沉入大海的那些金条。

[25] Glosn, C. 2002. "Saving the Business Without Losing the Company," *Harvard Business Review*, 80 (1).

[26] 这句话的着重表示是由作者加上的。

第10章 诊断你自己公司的身份特征

你如何在身份特征维度的层面管理你的公司呢？从第 2 章我们知道公司身份特征可以是公司额外的资产，但是第 3 章也告诉我们身份特征还可能是一种非常严重的负债。进一步而言，尽管公司内外对特定公司的身份特征认识可以达成一致，但是仍然会存在一些分歧。

为了避免因身份特征维度而遭受损失，你需要知道你的公司在这些维度中正处于什么样的位置。公司内外多大程度上对公司身份特征的认同达成了一致？

身份特征比战略、结构、流程以及体系等要更难把握，因为后者可以从可见的行为和行动中得到体现，而身份特征深深地置身于组织意识之中，很少能反映出来并对其进行公开讨论。发现或查明一个公司的身份特征确实是一种挑战，通过咨询而寻找到最佳的公司身份特征的过程我们称之为身份特征审计。贯彻执行完全的身份特征审计是一种费时费力的过程，你可能会希望从这种投资中获取一种或多种益处。本章就从分析这种情形入手。

谁需要身份特征审计

人们有时会将身份特征看做是理所当然的，这一特点使得大多数企业和它们的管理者很少将一些问题的出现与企业身份特征联系在一起。相反，他们往往认为这些问题是与一些显而易见的问题相关的，并试图去解决它们。当他们感到需要外界支持时，管理者往往本能地向管理咨询求助，以便为他们所认为的问题寻求专家意见。

而大多数咨询师和管理者的看法是一样的，他们对身份特征维度也不敏感。他们依靠一些已经约定俗成的标准方法进行咨询分析，提供一些以数据为依据的报告。这些报告表明了实际状况和预期状况之间的差距，并提供一些相应的解决办法。当变化并没有有意或无意地涉及身份特征问题时，这种方法是可以解决问题的。但在宝丽来所遇到的情况下，就需要考虑对公司身份特征进行评估了。它经历了持续的业绩下滑问题，这些问题不能靠初始的中立身份特征解决，而当最近任命的管理者在公司中广泛引入一些变化时，实际上已经在有意无意当中触动了公司当前的身份特征。

因为大多数管理者既没有意识到身份特征维度，也不愿正面地解决它，解决战略或运营问题的过程就成为了进行身份特征审计的机会。为了说明高级管理者是如何忽略身份特征维度以及它的重要性等问题，我们将从下面这个例子谈起。这是一家大型的法国公司，它在北美已经运营了40多年。经过多次兼并，这家公司已经成为该行业在美国的领军人物。但北美的公司却很难与母公司融为一体，一体化进程缓慢且问题多多，巴黎总部的高级管理人员一直为此苦恼不已。公司的首席执行官向我们求助，帮助他和他的团队了解如何贯彻执行一体化进程。我们为此采访了30多位公司的高管人员，其中有法国人、美国人和加拿大人，他们都参与了北美公司的运营。最初与高管们的讨论主要是围绕技术和文化等话题。后期的采访表明这40多年北美运营中所遭遇的技术和文化问题，在深层次上实际是对法国母公司身份特征认识冲突的外在表现。尽管最开始管理者们对我们的反馈意见感到很吃惊，但是它却将管理团队考虑了很久的许多问题都反映出来了，而这些问题从来没有被这么集中地提到过。比如说，我们指出管理者一直都确信不疑地将公司看做是一个"一体化的工业公司"，这就是北美公司遭遇问题的根源所在。作为一个一体化的工业公司，全球的公司业务之间都应该紧密协调一致，但是北美管理者没有获得将他们本土的战略与欧洲或亚洲的业务部协调一致的经济效益。这就表明在内部公司身份特征的定义的主线上出现了失误。如果不指出这点的话，公司可能还会在一体化过程中继续犯错误。

ESSEC 商学院的 EMBA 和法国一家独立的旅游代理商 AFAT 旅行销售网一起进行了一项咨询项目[1]，这为为什么需要身份特征审计提供了另一个例子，说明在传统的战略诊断和计划训练中也会需要身份特征审计。此项目的初衷就是要对网络营销的战略定位进行评估，以及确认收入增长的机遇。当团队开始对网络服务的成员和顾客进行采访时，他们意识到 AFAT 的公司身份特征在公司内外是不清晰的。在意见反馈的基础上，团队向指导委员会报告，要实施苦心经营的增长战略，就必须要澄清网络服务的宗旨，这要求从更深的层次考察网络对它的成员以及其他支持者究竟意味着什么。指导委员会对此评论表示认同，并授权该团队进行一次身份特征审计。

决定实施身份特征审计的原因可能是一些重要的事件，也可能是一些不连续的事情，这些事情都会引起管理者对身份特征问题的注意。比如说，在 SSL 国际公司中，当需要将三个有着不同传统的公司联合在一起的时候，管理者就开始对由此引起的身份特征维度问题关注并产生兴趣。挪威的托收代理商 Conecto[2]决定采取身份特征审计是为了应对公司的快速发展。它的创始人是两位前政府官员，他们认为收债是可以通过一个道德的、人性化的途径进行的，并且试图将这些价值观灌输给公司中的每个员工。随着公司的发展，创始人觉得有必要在客户、债务人以及新进的员工中间再次澄清自己的公司身份特征，从而保证它可以将自己的本质进一步强化稳定，而不会变为一般的托收公司。[3]研究团队的审计是在高度深入的层面上进行的，使得员工和外部的股东都能参与，从而使公司清晰的身份特征得以传播。

发现身份特征的一般途径

为了说明如何发现公司身份特征，有必要从如何使个人身份特征呈现出来的类似问题入手。为了发现你自己的身份特征，你可以先考虑那些客观的可见的特点，比如你的性别、婚姻状况、种族、年龄、国籍、职业以及雇主。比如说，因为你是个管理者，将这些因素看做是你对自己身份认识的重要因素是十分合理的。但是，如果你认为做管理者只是为了生存的话，你可能又会认为自己是另一个样子。首先，你可能认为自己是一个富有同情心的基督教徒，一个企业家，一个亲切的家长，一个摩托车爱好者，一个正在恋爱的人，或者是所有这些角色的综合体。这里的第一个问题就是，从这些复杂的外在表现中你并不知道自己到底是谁。要想知道你是谁，必须从你自己的主观意识中去找。

你如何能获得自己的主观意识呢？如果你不是对工作失去了极大热情，转而开始关心家庭，并被孩子的教育和社会生存等问题困扰，你会认为自己是一个亲切的家长吗？或者，如果你不是在处理一项裁员计划中保有人道主义的态度，你会认为自己是一个富有同情心的基督教徒吗？如果没有"9.11"事件，你会认为自己是个对自我有深刻了解的美国公民吗？第二个问题就是你的身份特征中的某些部分实际上深深地存在于你的下意识当中，如果没有什么事情或问题使得它们表现出来的话，它是不会主动显示出来的。因此，要更好地了解你的身份特征，就需要考察你生活的历史，去看看你在不同的情形下是如何表现的。但有一些身份特征通过考察你的过去可能也不能得到，因此就有必要在一些假定情景下，问你会如何去应对，为什么要这样应对。比如说，你可能会被问及，如果可以提供一个职业机会，但是要求你减少与孩子在一起的时间，你会如何选择？这时可以看出对你而言，父母的身份可能会比职业提升更为重要。总而言之，要揭示你个人的身份特征，需要做到以下几步：

1. 首先要了解许多客观的、外部的、可发现的特征，这些有利于显示你的个人意识：性别、职业、教育程度、国籍、家庭状况、宗教信仰等等。

2. 你对自己如何定位？通过自己的定位，我们可以搜集关于身份特征设定更深层次的看法，这是无法从外部因素中获得的。这时可能不再强调一些客观的特点，因为它们与你对自己的个人理解无关。

3. 在一个足够长的时间里考察自己过去的行为，从而通过你在许

第10章
诊断你自己公司的身份特征

多可以体现你身份特征的情景中的表现更好地了解你到底是谁。

4. 对以上几个方面加以补充,有必要的话还可以给你一系列的假设问题,让你不得不做出决策,这也将反映出你对自己是谁的认识。

这一过程的结果就是一系列的身份特征定位,综合在一起就可以反映出你对自己的认识。这些定位中的一部分在外界是可见的,而还有一部分则深藏于你无意识的行为之中。

当然一些身份特征的定位是会与别的定位相冲突的。比如说,作为一个"能力很强的市场营销经理"同时"为人父母",这两者经常会发生冲突,因为你的工作就是吸引尽可能多的未成年人去吸你们公司的香烟。尽管作为营销经理,你对又发展了许多新的消费群体而对自己的能力感到自豪,但是作为父母,你会认为这种做法是错误的。

即使我们有足够的时间去观察并倾听,并从而总结出你对自己的身份特征的认识,就可以由此说我们知道你的身份特征了吗?事实上,我们的工作是不完全的,因为我们并不知道你周围的人是如何看待你的。假如你是一个女性管理者,而你所在的公司是男同事占主流。那么你在对自己的定位中会很少注意自己的性别,而更看重自己的职位。但是你的主管、同事或者客户可能主要将你看做是一个女人。在这种情况下,很难弄清你对自己的定位。不可避免的是,你对自己的定位与外界对你的定位之间的差距会引起误解、扭曲的期望以及挫败感。如果你的内部和外部身份特征之间不能协调一致,那么你在与你周围的人们交往的时候将会变得十分困难。如果这种一致性对你很重要,那么就需要搜集你经常接触的人们是如何看待你的相关信息,正如在360度反馈调查中要求的那样。

接下来,我们将会对你的个人身份特征进行总结:

- 不能仅凭外界容易观察到的特点来定义。
- 通过一些你起初并没有注意的因素来进一步界定。
- 可能由一些自相矛盾的因素组成。
- 外界对你的看法可能与你自己的认识不一致。
- 每个人对你的看法也可能是不一样的。

将个人身份特征表面化的这种练习也可以用于对公司身份特征的考

察。通过各种各样的考察技巧来为我们揭示公司的身份特征提供线索。首先你可以从公司展现在外面的部分寻找线索,比如公司的核心业务、客户基础、国籍或者所有权结构等。比如,人们通常认为公司的所有权归属于哪个部门对界定一个公司的身份特征是很重要的,但是,要记住只是从外部观察就对公司的内部身份特征进行推断是会产生误导的。要发现公司身份特征需要对公司进行深层次地发掘。因此,有必要对公司进行更近距离的观察,从而对起初的假设进行确认。同时,还要发现不易从外部发现的身份特征因素。做到这些,我们可能就可以确定对你的公司而言,所有权形式在内部是被视为很重要的身份特征因素,而属于哪个行业部门却是不重要的。你的公司的公开声明也可以作为身份特征信息的来源之一。这些声明可能由一些公司宗旨、价值观、公司历史或其他书面的材料组成,这些材料直接或间接地详细说明了是什么使得公司区别于其他公司,或者它的竞争者们。比如,本安杰瑞将自己看做是一个有社会责任的企业,并将这种观点看做是它身份特征的核心部分。在公司成立之初,创始人就对此进行了清晰的表述,这些一直都是公司的核心,在公司的网站上是可以看到的,在其他书面文件中也有所体现。

  可以肯定的是,对自己公司独特之处所在的声明并不是一种表面价值,因为它们可能是完全无事实根据或容易引起误导的。比如说,仅仅因为高级管理者将公司定义为一个团队、一个家庭或者一个有社会责任感的企业,是不能意味着它在现实中也是如此的。这些声明更多的是一种希望而不是一种现实。因此,公开声明应该被看做是一种假定,可以在身份特征审计过程中加以检验。我们对本安杰瑞以社会责任为中心的公司身份特征加以肯定并不仅仅因为它网站上对此作了声明,而是因为这个公司始终如一地按照人们所希望的具有社会责任感的公司那样去经营。

  在继续审计的进程中,我们将会发现一些身份特征因素可能被公开地声明过,接受了经验的检验,但是有一些却没有接受经验的检验。为了发现这些因素,我们需要检查公司过去所做的一系列决策和选择,这些会告诉我们关于公司的自我认识是什么样的。比如,通过研究关于新产品的一系列决策,我们可能会认识到一些公司的身份特征本质上并不

第10章 诊断你自己公司的身份特征

是技术型的，只是以顾客为导向而发展技术的，比如棒奥陆弗森公司。

对于附属公司进行近距离的观测也可以揭示不协调的身份特征定位。[4] 比如，一个公司可能总体上被看做是一个全球化的公司，并且同时也被看做是一个家族企业。当把这个公司看做是一个全球化的公司时，高层管理者会更倾向于建立一个全球化的公司组织结构并且发展一支国际化的管理团队。反过来，当把公司看做是一个家族企业时，这个公司可能会由小规模的、联系紧密的一群人来管理。因此，这个公司有两个相互冲突的身份特征定位。结果，我们就会看到公司的内部成员（所有者和高层管理者们）认为外国人并不能理解公司，而且不能真正地认可它。另一方面，外国的管理者抱怨内部人员无法理解全球化的公司是什么样子，而且对于不属于内部圈子内的人们来说缺乏提升的机会。

最后，在内部（所有者、管理者以及员工）对公司的看法与外部（客户、分析家、银行家、潜在的员工、社会团体）对它的看法之间可能会出现不一致。比如说，管理者和员工可能将公司看做是不断进取的公司，但是一般的公众可能将它看做是一家污染企业。本书导言中的德固赛公司的例子就表明了公司内部和外部对公司身份特征理解的差异。尽管德固赛的管理者和员工都认为自己的公司与第二次世界大战时的德固赛不一样，但是它的反对者却对此表示质疑，并且认为它就是纳粹集中营中齐克隆-B毒气的生产商。

在挑出一些可见的假定并且揭示出一些不可见的身份特征定位后，下一步的任务就是用这些知识作为理解你公司正在发生的一切的关键，比如公司的经济效益、战略和运营等问题，内部和外部的冲突以及变革的障碍和推动力等。除非它可以使人们很好地认识公司正在发生的事情，否则身份特征审计对身份特征的认识是毫无用处的。比如说，身份特征审计可能会发现公司的多样化战略从来没有成功过，因为它的身份特征被深深地束缚于传统的核心业务上。我们可能也意识到尽管在国外进行了大量的投资，但是国际化依然会带来很多麻烦，因为公司仍然深深地置身于一个根深蒂固地认为自己的国籍身份是法国、日本或者美国的不言自明的氛围中。

几个身份特征审计的例子

为了说明刚才我们描述的几种方法,我们提供了三种身份特征审计的例子,作者不同程度地参与了这些案例,它们用了三种不同的训练项目。

■ 国际消费电子公司:需要返老还童的老妇人

国际消费电子公司(Consum Electro Corp., CES)是一家经营消费电器的跨国公司。它对潜在的 30 名管理者进行了培训,他们来自欧洲不同的国家,都被问到了同一个问题:描述 2000 年的公司现状以及 2010 年它又是什么样子,让这些管理者思考他们想在未来 10 年看到公司有何变化。这项练习使得他们都开始关注那些在未来长时间内不可避免地会导致变化的最重要的方面。训练的结果见表 10—1。

表 10—1　　　　　CES 的现状是什么?未来又会怎样?

2000 年 CES 的现状	2010 年 CES 的状态
是一家德国公司[5]	是一家全球化的公司
男性主导的企业	女性是受欢迎的
组织结构是老化的	组织结构是年轻且富有活力的
是生产硬件的公司	是经营软件和服务的公司
是一家工业企业	会成为一个品牌
是"旧"经济的代表	是"新"经济的代表

尽管调查的样本范围相对于公司的 20 万名员工而言很小,但是答案的结果却很好地表明了 CES 的身份特征。尽管公司的运营实际上是国际化的,但是高层管理者中的大多数职位仍然由国内的男性占据着。公司很清楚地意识到电子软件日益增长的重要地位,并试图迎合这一趋势,但目前仍然认为自己是一个电子硬件的生产商。最后,公司内部的许多人仍然对 CES 在行业和工程中的实力感到自豪,然而其他人却认为公司应该将自己看做是一个品牌,并且应该更多地关注市场营销和为客户创造价值。

第10章 诊断你自己公司的身份特征

■ 付费电视公司：保守需求中的身份特征危机

付费电视公司（PTC）作为付费电视的先驱者在欧洲广为人知，它的身份特征是勇于创新、突破传统。参加培训项目的是一些潜在的高级管理者，他们被问了一个问题，即他们目前如何看待这个公司，未来它应该如何发展？结果见表10—2。

表10—2　　　　　　PTC的现状是什么？未来又会怎样？

PTC的现状	PTC的未来
是一个德国公司[6]或欧洲公司	是一个多文化跨国公司
是一家付费电视公司	是一家完全的多媒体企业
是一家高市场份额的领导者	是全球的领导者
是具有创新精神的公司	是创新精神的保持者
是以满意度为导向的	是以客户为导向的
主要经营电影和体育节目	更多的电影和体育节目
是一家非正式的公司组织	是一家官僚作风较少的公司组织
是家族企业	是家族企业

答案揭示出两个相互矛盾的主题。一方面，回答者想让PTC变成全球性的多文化跨国公司，并以顾客为导向。但是另一方面，他们又希望保留公司的历史上的创新性、非正式性以及家族企业的性质。要想理解为什么这些问题表现出了PTC身份特征中存在相互制约的情况，在调查进行后的第二年公司就被一家大型的媒体娱乐公司并购了的事实对此问题作了很好的回答。大家都知道这次并购引起了PTC的不安和焦虑，它的员工和管理者担心公司会因此而失去其历史身份特征。

■ 消费保健公司：如何从众多身份特征中找出一个身份特征

消费保健公司（Health-Consumer Co.，HCC）是由三家经营医疗保健和消费品的公司合并而成的。在讨论会上，高管团队中的成员被问及：HCC是什么样的公司以及它应该是什么样的公司（见表10—3）。

表 10—3　　　　　　HCC 的现状是什么？未来又会怎样？

我们公司的现状	我们公司的未来
是一家多种保健服务的公司	是一家一直成功的公司
专注于保健服务	会扩展保健领域
目前有些混乱	从艺术的收藏者变为播种者
关注的领域混乱	有社会意识的公司
过于自负和过于自卑的混合体	富有创新精神的公司
困惑但充满潜力的青少年	公司应该推崇诚信、开放、激情、以顾客为导向、进行战略性的思考、自我支持并且有趣
国际化的	
三种医疗保健业务并没有融合	
这三家公司试图成为一个循环的链条	
两个品牌都不够醒目	

答案表明对于高管团队的成员来说，从一个积极的方面对自己的公司进行界定是很困难的。这里要指出的是这次讨论会是一次培训项目中的一部分，这次项目中 CEO 试图将来自三个企业的中高层领导团结在一起，目的是为了建立一个他们都联系在一起的共同身份特征。

身份特征审计指南

身份特征审计要明确地被执行或者在解决其他问题的过程中被引用，并揭示一个公司的身份特征，这需要有系统地搜寻下列问题的答案，这些答案可能是清晰的、可共享的和始终如一的：

● 我们的身份特征是什么？（内部员工和外部的投资者认为我们公司的本质是什么？）

● 公司内部对此身份特征在多大程度上是一致且认可的？

● 公司内外对公司身份特征的认识在多大程度上是一致的？

● 公司身份特征对于公司而言多大程度上是资产？多大程度上是负债？

● 我们的身份特征可以使我们跟上外部的变化吗？未来它将会怎样呢？

- 我们身份特征的内外部信号会使我们对技术、市场趋势或组织运营问题缺乏判断力吗？
- 我们是要将目前的身份特征保持到底还是打破现有的身份特征？
- 身份特征的变化会威胁到谁的利益，又会对谁有帮助？

要回答这些问题，上述部分提供了一系列的工具，当对公司身份特征进行系统检测时可以一起使用，也可选其中几种使用。

■ 搜寻二手资料

身份特征审计中的第一步就是获取公司内部和外部的有关资料。内部资料包括公司宗旨、公司价值观和信念的公开声明、致股东的信、年报、由重要投资人（所有者、高管、团队领导以及政府官员）所作的关于公司的演讲、非官方的出版物，以及由员工和他们的代表支持的网站。仔细阅读这些文件可以帮助一个身份特征审计人员确认公众如何看待公司。比如说，系统研究万能公司的年报以及致股东的信，可以揭示出万能公司的创始人及其继承者始终如一的承诺，即将它看做是"法国专营小家电的、工业化的、创新的以及国际化的公司"。万能公司用这一观点来衡量主要的管理决策和优惠是否是合理的，比如保留法国资产和职位，拒绝对小家电之外的业务进行多元化投资，不愿将生产业务转移到低成本的国家等。

外部资源也可能对内部资源进行有用的补充。如果可以获得公司历史的资料，那么对于考察公司早期的身份特征是有价值的，它可以表明创始人是如何在有意或无意当中创建了公司的身份特征。我们与法国的大公司在一起解决与北美公司一体化问题的时候，就参考了一位已经退休的高管所写的公司发展史。

但是，我们要用挑剔的眼光来看待这些书面材料，不能单纯依靠它们来理解公司的身份特征。要对公司的身份特征有全面的认识，审计者必须要采取更深入的调查。

■ 采访重要的利益相关者

通过与高管人员的讨论以及阅读公司的资料，审计人员一定可以列出一些利益相关者的名字。相比之下，他们对公司的看法，尤其是他们的行为，对公司更为重要。利益相关者主要有：员工、客户、股东、供应商、战略合伙人、工会领导、记者以及金融分析师等。在一些情况下，在问及谁会影响公司身份特征的定义时，往往会有令人吃惊的答案。比如一次管理团队的头脑风暴会议会提到，早些时候确定的"潜在的收购目标"是一个重要的利益相关者，因为公司正在采取一种通过并购实现快速发展的战略。那么潜在的收购目标如何看待该公司当然也应作为影响该战略成功实施的重要因素。

在将关键的利益相关者列出来之后，身份特征审计者就必须开始从他们中选出典型代表，对他们进行采访。要想获得他们对公司身份特征的理解，审计者可以通过设定一些特殊的情形（比如意外的事情、危险、危急事件或者重要决策等），请他们详细回答在此情况下公司会怎样行动，为什么会这样行动等。当他们回答这些问题时，会表明他们对公司及其身份特征的看法。在法国某大型企业在北美的运营过程中，我们要求被访问者系统地对公司在北美推进增长时所遭遇的一些危急事件进行详细阐述。他们的回答都提供了一致的解释，这反映出他们所相信的公司核心和持久的一面。

为了达到更详尽了解公司身份特征的目的，审计者可能会要求被访问者想象一下公司在遇到一些假设情景时会如何作出选择。被访问者通过描述公司在这些情景中如何运作，可以传达出对于公司身份特征的一些额外的看法。

在访问结束后，审计者应该搜集到以下几个问题的答案：
- 公司最本质、最持久以及最具个性的方面是什么？
- 这些方面是如何促进或阻碍公司的生存、发展及经营业绩的？
- 被访问者个人在多大程度上与公司是一致的或冲突的，为什么？
- 这个公司在未来应该如何更好地抓住机遇或解决挑战呢？

在这个阶段的最后，审计者应该可以描绘出相关的投资者是如何定义和看待公司身份特征的（见表10—4）。

表 10—4　　　　　　　　绘制公司的身份特征维度

	身份特征设定的初始感知	对公司身份特征定位的评价	对公司身份特征的认同度	对公司身份特征未来变化的期望
第一组利益相关人				
第二组利益相关人				
第 n 组利益相关人				

■ 调查股东

通过二手资料和采访所获得的对公司的定性认识可以被用作假设材料，在对公司的股东进行大规模调查时使用。调查问卷可以包括以下几个部分：

1. 关于回答者的背景信息。

2. 回答者必须对公司的身份特征评论进行评估打分。比如说，可以问回答者它们在多大程度上认可下列评论："这是一个全球化的公司"或者"这是一个有社会责任感的公司"。

3. 对于公司身份特征的声明，可以问回答者下列问题：

　a. 公司的这个方面是一项资产还是负债？

　b. 你觉得自己与公司的这个方面是一致的还是相互冲突的？

　c. 改变公司的身份特征是困难还是容易？

4. 将这些问题集中在一起，并对身份特征做一个解释。

一个被有效执行的身份特征审计应该可以为管理者清晰地描绘出公司身份特征，并且可以展示出哪些股东是站在公司身份特征对立面的。当身份特征审计把公司身份特征中的一些无法言表的关系和矛盾提到表面上来，以及当它帮助管理者提供一种看待公司身份特征的新视角时它是最有用的。传统的战略和运营审计是不能产生这样的视角的。一个好的身份特征审计必须能为管理者展示下列问题：

1. 他们能在多大程度上或者他们能否促使公司目前的身份特征发

生改变?

2. 应该改变公司身份特征的哪些方面从而使之能够促进战略和公司的变化,而这些变化是无法在目前的身份特征中产生的?

3. 如果要求改变公司的身份特征,管理者应该保留身份特征的哪些方面,而要改变哪些方面?

4. 在变革的进程中,他们应该依靠哪些人,他们预期阻力会来自何方?

注释

[1] 这个团队在与 AFAT 旅行销售网一起工作时,是由本书的合著者参与监督的。

[2] 这个公司的真实名字不能透露。

[3] Brønn, P. S., A. Engell, and H. Martinsen. 2006. "A Reflective Approach to Uncovering Actual Identity," *European Journal of Marketing*, 40(7/8): 886-901.

[4] 再次思考一下欧洲。一些人认为欧洲是一个地域概念,而另一些人认为欧洲的身份特征实际上是基督教的。还有人认为欧洲的身份特征植根于人文主义思想。在宪法合约的起草和执行过程中这三种观点进行了激烈的辩论。

[5] 这并不是公司真正的国籍。

[6] 这不是 PTC 真正的国籍。

第11章 引领身份特征时代

这本书的基本假定就是我们发现我们正处于身份特征时代，在这个时代中从个人到组织，甚至到整个社会，身份特征问题都是普遍存在的。在所有的活动领域，尤其是商业领域，公司的领导者们都已经意识到了身份特征对他们公司的重要性，不管是出于本能还是系统的检查，那些已经意识到身份特征重要性的企业都比那些仍未意识到的有更明显的优势。假如在一个案例中，两个领导人都是具有创造性的战略家，都具有同等的管理技能，都符合消费者的需求和优先选择权。但是不同的是其中一个关心身份特征维度，而另一个却相反。我们的研究认为前者的事业肯定会比后者更成功，而且他们之间的差距会越拉越大。当身份特征问题变得日益广泛时，对知道如何通过身份特征进行管理的精明领导者的需求量就会大量增加。这些领导者不仅会在环境要求下发挥作用使得自己的公司身份特征得到加强，而且还会在身份特征抑制了公司的业绩和能力时改变公司目前的身份特征。

本章内容是在一个假定的情景下讨论领导力挑战的。首先从领导者如何加强身份特征维度，又是什么要求他们进行这样的改变开始。为了对这些问题进行进一步的讨论，我们以3M公司为例。在2000年11月，外界一致认为的杰克·韦尔奇继任者，经验丰富的通用电气的经理詹姆斯·迈克纳尼（James McNerney）被任命为公司CEO，他是公司历史上第一个掌管公司最高职位的外人。他的任命为这个公司带来了新的生命力。虽然公司一直以技术革新著称，但在20世纪90年代公司的业绩出现了明显地下滑。迈克纳尼很快展开了行动，缩减职位、削减成本并且引进通用电气的六西格玛计划，并有效地进行了推行，消除了生产过程中的一些弊端。他的行动全部都写进了通用电气的工作手册。公司的股票价格也得到了提升，并且他引进的规章制度似乎都产生了盈利。但是现在这是3M公司，而不是通用电气。

2005年，迈克纳尼应聘波音公司的最高职位而离开了3M。为了回应迈克纳尼的离职，布莱恩·辛多（Brian Hindo）在《商业周刊》中写道[1]：

他的继任者面临着一个挑战性的问题：无情地要求效率是否使得3M公司失去了创造性？这对于公司身份特征建立在技术创新基础上的公司而言是非常重要的问题。

董事会显然认为3M的历史身份特征是技术革新，这需要重新强调。于是他们任命化学工程师乔治·巴克利（George Buckley）博士成为迈克纳尼的继任者。巴克利正试图重新点燃公司技术创新的激情，这是早些年公司最重要的特征。

3M的高管变动说明了领导力和身份特征维度之间的关系。迈克纳尼作为3M的出局者曾经能够在公司进行一系列的改革，强调效率和经济效益。但是这种改革与公司的身份特征是不相符的。显然他认为公司需要进行深入的改革。但是问题是他改革的深度到位吗？他的改革根本上改变了3M公司的身份特征维度吗？他的离职很大程度上留下了一个开放性的问题，但是他的继任者的行为表明，在公司的内部人当中很多都认为公司中很重要的精神被迈克纳尼弄丢了。3M公司能够找回它以前的创造性、重塑它作为技术革新者的身份特征吗？只有时间才能给出答案。但是这个例子表明当领导者和董事会在选择领导的时候必须要与公司正在前进的方向一致。

强化身份特征维度

当管理者相信公司目前的身份特征是一项重要资产时，他们就会通过大量象征性和实质性的行动努力强化身份特征维度。象征性的强化主要是通过积极讨论什么使公司保持了唯一性，并从不同的层面搜集事实，甚至在更广泛的范围内进行公开讨论。对公司的身份特征进行积极的讨论主要可以通过在公司内外进行演讲或产品分发，通过一些文献资料来强调和颂扬公司的特别之处。管理者可以按不同类型召集员工或外部的投资者们，来体现和分享自己对公司身份特征的理解，以使他们了解自己公司的特殊之处在哪里。最后，他们还可以通过举办或者赞助那些高度公开的活动或事件，这些活动可以很好地与公司自身的意识相匹配，也符合外界对它的看法。这些活动并不是不可思议的。事实上，大多数公司都采用着其中的一些方法。但是当要求变革而不是继承公司特点的时候，他们要想强化身份特征维度又应该注意避免什么问题呢？尽管象征性的强化对使得员工和外部的支持者认识公司的特点是有用而必需的，但是这对于长期保持公司的身份特征是不够的。为了证实他们声称的公司与其他公司的不同之处，管理者们需要在他们的实质行动和决策中体现出他们对公司身份特征的忠诚。这可以通过一些行为有所反映：引进新人、提拔员工、发放福利或解聘员工等。管理者也可以通过始终体现公司实质的战略和经营决策来表明他们个人与公司的身份特征是一致的。这些都明显地表现在乔治·巴克利对3M所做的事情上。

在缺乏实质行动时，象征性地促进公司的身份特征只会被看做是空话套话，从而会损害领导者的有效性。惠普的卡莉·菲奥莉娜以及苹果的约翰·斯库利都因为忽视了这一原则而付出了惨重的代价。他们都高度赞扬公司的宗旨以及由创始人留下的精神，但是他们接下来的决策和行为却恰恰相反，被公司内外的人认为他们的行为与他们最初的演讲是不相符的。每一个领导者都要向公司内在的身份特征屈服，并且与之相一致吗？我们答案显然是"不"。我们将在下一部分对这个问题进行说明。我们在这里的观点是要诚信和始终如一。当一个领导者想让公司内外都相信公司的身份特征是一种重要资产的话，他们必须要给出与他们所鼓吹的公司身份特征相一致的有形证据。

加强身份特征的建设并不一定意味着要保持公司身份特征的现状。第9章提到的三位身份特征维度管理大师卡洛斯·戈恩、史蒂夫·乔布斯、彼得·桑德斯表明了如何认识公司身份特征并尊重公司身份特征可以帮助管理者获得公司内外对公司进行变革的支持。

身份特征维度并不需要与公司每一个有形的方面相联系，这听起来似乎是荒谬的，但其实并非如此。除非某个维度被公司内部或外部有影响力的投资者认为是重要的，否则它可以在不改变身份特征维度本身的基础上进行改变。比如说领导者可以选择关闭一项运营业务或特定的生产线，这并不会影响公司的身份特征。这种类型的决策实际上会遭到在这一过程中利益受损的人的抵制。但是只要这一决策没有损害公司核心和实质，这些反对者就只能在外围进行攻击，而其他的投资者不会也没有动力去支持那些反对者。那些做出强制性决策的领导者可能会受到伤害，但是一些变革对于保持或者更好地体现公司身份特征是必需的，因此他们需要发展自己的同盟者，加强他们决策的合法性。

卡洛斯·戈恩通过强调他对日产公司身份特征的认识，更好地体现公司身份特征，在质疑声中获得了收益并且能够将公司推向更深入的战略和经营改变。史蒂夫·乔布斯对苹果公司进行了深刻的变革，并且解释说他这么做是为了使公司重新回归技术革新的根本。彼得·桑德斯对美体小铺进行了重要变革，并且热切地表明他对由公司创始人赋予公司的唯一身份特征的尊重。

尽管这些案例都表明在身份特征维度的边界可以进行大量的变革，但是并不是每一个合适或必要的变革都可能包括在现存的公司身份特征中。在一些环境中，不论是有意还是无意，领导者都不能在不使身份特征产生问题的情况下改变一些战略或运营决策。在这些情况下，如果领导者对身份特征维度敏感的话，他们应该关注重组公司的身份特征，从而使这些必须进行的变革变得可能。

在个人和公司层面处理身份特征和认同感

在本书的引言中，我们列举了身份特征时代的一些特点，其中包括个人和组织在定义他们是谁或别人如何看待他们的时候都会先入为主。我们也强调现代的领导者们必须要意识到这种趋势，并且强调他们领导的组织要有一个清晰、始终如一且很重要的身份特征基础。但是当他们要有目的地对公司身份特征进行管理，并且要进一步地强化它时，领导者不能忘记在公司内部工作或相关的人们也正忙于定义并强调个人和集体的身份特征，比如性别、种族、年龄、生活方式或个人爱好等。这些身份特征远远超出了管理的范畴，但是在工作中却不能忽视。

紧接着对管理者的挑战就是如何同时建立并加强一个有包容性的公司身份特征，并且重新集结公司内外部的支持者。同时，管理者必须要接受并支持他们公司存在不同的身份特征。要与这个环境相匹配，管理者需要足够精确地确定公司身份特征，可以使公司与其他公司相区别。然而，身份特征维度也必须要足够宽广，从而可以使得个人和各种集体的社会身份特征都能在不同的维度上定位，同时又能将他们所工作的公司看做是一个整体。在身份特征时代，认同感和忠诚度是有反作用力的，公司必须要能够提供这样的环境，使得个人可以以他们认可的方式对自己进行定义，同时也要为能在特别的公司服务、购买或投资感到自豪。在这些公司中，适当的公司公民权和自我实现并不是相互孤立的，因为它们可能在组织中是却是相互协调并互相支持的。

当必须要改变身份特征维度时

当问及一个高管改变公司身份特征意味着什么时，他最可能谈到的是重新设计公司的标志和可视材料，很偶然的情况下会改变公司的名字。改变身份特征维度有时还包括其他一些改变，许多咨询专家和营销专家将这些改变称为公司身份特征变革或公司商标重设。但是这两种方法是截然不同的。要用一个恰当的比喻的话，公司身份特征变革或商标重设就像一个人通过换一件衣服或使用化妆品、美容手术，甚至改变自己的名字来改变自己的身份特征一样。但是相反，身份特征维度的改变必须达到更深层次，直达个人的内心和灵魂，并不仅仅要求改变个人的外表。尽管这两种改变途径在有些时候是相辅相成的，但是更为重要的是，管理者必须要意识到它们之间的不同。他们不能期望通过使用一种改变方法获得另一种改变方法的效果。

管理者对公司内外关于公司本质的信仰情况满意的时候，他们仍然可以看到公司每隔几年便有所更新的价值所在。另一方面，那些致力于改变公司身份特征维度的管理者们需要关注公司已经形成的根深蒂固的观点，不必改变它的外在表现。这两种途径之间的差异以及它们有时的相互支持关系可以由表11—1表示，这个表体现了在公司名字身份特征维度改变时的不同组合。

表11—1　　　　　　　　公司名字和身份特征的改变

	新名字	相同的名字
公司身份特征维度的连续性	类型1：奥驰亚；威立雅	类型4：宜家；棒奥陆弗森
公司身份特征维度变革	类型3：达能公司；威望迪	类型2：诺基亚；3M

类型1表明这样一种情形，管理者改变了公司的名字，但是没有改变它的本质，奥驰亚就是这样一个例子。2001年，在历经了多年的关于公司与香烟、健康、激烈的内部讨论以及法律诉讼联系过于紧密导致的负面影响之后，菲利普·莫里斯的董事会决定将公司的名字改为奥驰亚。[2]尽管有了新名字，但是公司仍然继续进行着香烟的制造、销售以及分销等活动。它的高管和董事会显然希望新名字可以使它在外部投资者看来不那么明显地与香烟相关。

威立雅公司是法国通用水务公司传统核心产业的新名字，是另一个名字改变与公司实质无关的例子。这个公司实际上继承了由让-马里耶·梅西尔从被冠以威望迪环境公司的法国通用水务公司中剥离出去的传统产业，重新改名字为威立雅，实际上是为了让自己远离威望迪的差名声，以及摆脱在他的领导下遗留的问题。

第11章 引领身份特征时代

类型2中的公司经历的却是另一条途径，它们的身份特征被完全地改变，而它们的名字却保留了下来。建立于1865年的纸制品制造商诺基亚公司开始变为橡胶生产商，后来又变为消费类电子产品生产商，直至最近又成为一个通信公司。在这一进程中，诺基亚公司一直进行了连续的合并、兼并和掠夺，但是它的管理者从来没有强迫公司改名字。类似的进程也发生在美国的3M、通用电气以及最近的IBM公司。

类型3中的公司代表这样一种情形：名字的改变是身份特征维度改变的一部分。1994年当它的初始品牌达能公司开始从玻璃制造商向农副食品公司转变的时候，就决定将公司更名为BSN。这是由现任CEO的父亲安东尼·瑞布在20世纪70年代发起的：

> 1994年7月，（管理者）决定采用BSN这个名字，这似乎是反映了公司的过去，而不是展望未来，而且采用达能公司集团的名字，就像一个仰望星空的小男孩。[3]

让-马里耶·梅西尔决定对法国通用水务公司更名的决定则表明了另一种途径。在这个案例中，改变公司的名字只是法国通用水务公司向全球传媒娱乐公司的激进转变中的一部分。

最后，类型4中的公司都深深地置身于自己的身份特征中，而且外部表现很具有特点，是对长期形成的传统的继承。这些公司似乎有不可思议的力量来保持自身的年轻和活力。有时，这些公司也会遇到严重的挑战，像美国的宜家公司或20世纪80年代的棒奥陆弗森。它们也可以通过发挥或强调自身唯一的公司身份特征得以复兴。[4]

像宜家公司和棒奥陆弗森这样的公司能够在它们的历史身份特征和名字中进行进一步的扩展和茁壮成长，而像诺基亚和IBM这样的公司如果不完全改变自己的根本身份特征就无法实现自身的扩张和发展。当要求改变公司的身份特征维度时，管理者可以从两种不同的途径来实现它。我们在研究中区分了身份特征维度进化和彻底变革之间的区别。本章的剩余部分我们就来探讨这几种改变模式，并对它们的优缺点进行评估。

身份特征维度的渐进式变革

我们的研究表明这是身份特征变革中最常见的一种变化。当代许多大型公司，包括家喻户晓的通用电气、3M、诺基亚、IBM、西门子以及达能公司，都与它们早些年的身份特征有着根本的不同。除非你对3M的历史非常熟悉，否则你是不会知道它的名字来自明尼苏达采矿和制造公司（The Minnesota Mining and Manufacturing Company）。

……它建立于1902年，建立在美国明尼苏达州的苏必利尔湖小镇。五个商人决定开采矿床，制造砂轮。但是由于没能获得开采证明，新的明尼苏达公司采矿和制造公司迅速地转向附近的德卢斯市，专注于砂纸的生产。[5]

但是，有趣的是，人们并没有仅仅因为它们身份特征的突然转变而提及这些公司。相反，它们的新身份特征是通过一系列的战略和公司经营的渐进式变革而形成的。这种渐进过程在达能公司中也得到了很好的体现。

在变为著名的达能公司之前，BSN是法国一家玻璃制造厂，1966年由两个家族企业布苏瓦公司（Boussois）和苏肖·勒凡塞尔（Sounchon Neuvesel）合并而成。前面我们提到，达能公司的名字是在经历了20多年的公司兼并转型之后于1994年采用的。BSN不再仅仅是一个玻璃制造商，而成为了一个全球化的食品饮料公司，产品包括达能酸奶、依云矿泉水以及克能博格啤酒。

安东尼·瑞布最初试图将家族企业发展成生产各种各样玻璃的全球化的制造商。但是自从1969年他没能成功接管竞争对手圣戈班公司之后，他便改变了策略。在经过能源成本日益增高以及20世纪70年代的衰退之后，他退出了玻璃餐具业务，以保护玻璃瓶业务。BSN第一次兼并矿泉水、啤酒以及婴儿食品业务的起因是玻璃瓶业务受到了塑料包装的巨大挑战。公司发展最重要的几个里程碑就是：1969年对依云水公司的兼并，1970年对克能博格啤酒以及欧洲酿酒厂的兼并，1973年对达能公司的兼并，1986年对通用饼干公司的兼并，以及1989年对纳贝斯克的欧洲业务的兼并。

从头至尾，BSN 向达能公司转变总共花费了 20 多年的时间。几次偶然的机会作者从瑞布那里了解到他进入食品饮料行业有一定的必然性，公司身份特征转变也主要依赖于公司历史上的核心业务。BSN 作为食品饮料公司的新身份特征只是在第一次成功地进行了多元化转变之后，才进行了合并。

瑞布出奇的谨慎使得他小心翼翼地进行了 BSN 的转型。因为他建立新品牌的过程是如此地缓慢，并充满了风险。他始终通过兼并已有的品牌进行多元化投资。为了进一步使风险最小化，瑞布总是用 BSN 的股票来支付购买。当他退休的时候，他已经执掌公司近 30 年了，他将已经与 20 世纪 50 年代末期他所建立的家族企业完全不同的公司交给了他的儿子。

达能公司、诺基亚和 3M 公司以及其他一些公司都已经完成了一轮或几轮的身份特征转变，还有一些其他公司正在我们面前进行着转变。在史蒂夫·乔布斯的带领下，苹果公司似乎已经远离了 20 世纪 80 年代独立个人电脑公司的身份特征，开始变为一个成熟的、严格以市场为驱动力的、高科技的、以顾客为导向的公司，并从它早期的公司身份特征那里继承了一个"酷"身份特征。当丰田公司取得了全球汽车行业的领导地位，并将自己的运营网络遍布全球时，它正在为将自己的身份特征由日本公司转变为真正的全球化企业而谨慎又有条不紊地努力着。在欧洲，飞利浦的现任总裁兼 CEO 杰拉德·柯慈雷（Gerard Kleisterlee）悄悄地，但也是引人瞩目地使公司摆脱了荷兰电子消费品生产商的身份特征，而经过几年的并购，主要是在医药领域进行多元化投资，建立了新的身份特征。"新"飞利浦身份特征在其网站上有所描述，如下：

荷兰皇家飞利浦电子公司将会是全球医疗保健、生活方式和技术、原材料、服务以及通过品牌承诺"感觉和简单"的领导者。

身份特征维度的革命式变革

身份特征维度革命式变化的过程中充满了危机，并且因为这个原因它没有渐进式变革普遍。这个变革的过程可以比作是宇宙大爆炸，公司被剥夺了原来的身份特征，被强行赋予一个新身份特征。这一过程会在很短的时间内迅速展开，新身份特征的清晰化要比它的执行更快。

威望迪和 GEC 马可尼就是革命式变化的好例子，危险也一直伴随着改变的进程。

在第 9 章中，我们提到梅西尔对威望迪进行了大刀阔斧式的快速重组，将法国的市政服务公司转变为全球化的传媒娱乐公司。为了取得转型的成功，并赋予新身份特征以实质内容，梅西尔在媒体和娱乐业进行了一系列的收购，并且消除或剥离了不再适应新身份特征的旧业务。但是事实证明，要将合并的这些业务整合在一起是相当困难的，这些困难由于网络经济泡沫的破灭及随之而来的金融市场的低迷而被扩大。在来自外界不同投资者的联合压力下，威望迪的董事会在众人注目之下将他解雇了。[7] 类似的过程还出现在英国的联合企业 GEC 中，劳德·辛普森（Lord Simpson）在接受任命之后就立刻对公司进行了转型，迄今为止它主要是一个国防承包商，要从"一个工业时代的联合企业转变为一个信息时代的领导者"。《金融时报》对它进行了这样的报道：

"GEC 已经成为一个前进缓慢、以欧洲为中心的合资企业。"劳德·辛普森说。改变公司第一把火就是将公司业务专注于电信设备和服务。"我们必须要改变目前公司的路径。我们正在寻找一个更快增长、更高利润、更高技术的领域。显而易见电信似乎是正是这样的领域。"[8]

为了赋予马可尼公司实质内容，劳德·辛普森在四年里主要着手于分解原有业务，吞并电信部门。这个进程持续了五年，但是劳德·辛普森的观点被证明是无效的。马可尼公司所经历的事情被普遍认为是一场灾难，这在很大程度上与法国威望迪管理层的失败是一样的。"马可尼持续的衰退只是最近英国公司历史上最大破坏的公司之一。与去年 9 月份它达到顶点的 345 亿英镑相比，它现在价值 3.75 亿英镑。"[9]

从威望迪和马可尼公司中我们可以看出，对公司进行革命式的变革是一项非常冒险的举措。可能有时需要进行迅速的身份特征变革，但是又需要降低危险性，当两个或多个公司进行合并，新的管理层需要进行迅速地对合并后的企业身份特征进行定义。1999年，法国公司RP与德国的医药公司赫司特的合并表明了高管们是如何帮助一个新合并的企业忘掉之前的身份特征，并形成自己的身份特征的。

尽管这使得很多人感到惊讶，但是这个突然的合并只是全球医药行业中众多正在进行的合并案中有趣的事情之一。这次合并有典型的原则：即跟上快速一体化的行业，并通过协调所带来的成本效应和更好的研发投入来改进公司的经济效益。

与戴姆勒—克莱斯勒不同——德国和美国公司合并后，它们的运营仍然归属原来的企业，RP和赫司特公司却被联合在一起，组成了安万特公司。为了使得建立新身份特征更容易，RP以及赫司特公司的前任领导们做了一系列的象征性和实质性的工作。赫司特公司的于尔根·多曼和RP的让·雷纳·福图共同担任高级管理人员，直至2002年3月，他们分别是管理委员会的总裁和副总裁。公司有中立的新名字，公司总部也是新的，设立在斯特拉斯堡，位于法国和德国的边界。这样的设计使得法国和德国的人都感到在家里一样。他们还选择英语作为公司官方的语言。多曼和福图还聘请了咨询公司对800名德国和法国的管理者进行考核，选出最优秀的作为安万特公司的管理者。同时，他们还取消了一些存在分歧的业务，比如动物营养品和农用化学品，以便更好地专注于药品生产。

在随后几年里，安万特公司用它在金融市场的表现以及良好的经济效益说明了合并的正面效应，这也表明迅速地建立一个新身份特征仍然可以产生好的结果。但是它的法国主要竞争者赛诺菲—圣德拉堡集团在2004年对公司进行了恶意收购，这使得我们不能确定在合并后快速进行身份特征建立就一定是有效的。

身份特征维度渐进式变革和革命式变革的优缺点

前面的分析表明革命式身份特征变革比渐进式身份特征变革的风险要大。对公司身份特征进行突然改变时，会使公司的缺点集中爆发，这使得公司不再是以前的样子，也不能使公司内外确定谁是他们的领导者。在转变期间，投资者中总是会有人以一种怀疑的眼光来看待这场大变动，而其他一些人可能会直接受到这次事件的威胁。同样，当原来公司的结构和组织被破坏掉，或被新的公司取代的时候，公司在运营方面会遭受一些痛苦是正常的。在这种情况下，就会有一些坏消息被散播，增加对主要高管人员计划稳定性的怀疑。

相反，渐进式变革由于没有同时改变公司所有的身份特征设定，甚至当公司正在进行更深入改变的时候仍然会让人有一种连续的感觉。这时，高管人员不必清晰地表达他们想改变公司身份特征的想法，因此也不会遭到来自公司内外有影响力的投资者的突然反对。渐进式变革也会使公司遭受突然衰退的可能性变得最小。领导团队可以将新身份特征的种子种下，并从旧身份特征中获得连续的收获。

尽管我们的观点明显地偏向于渐进式变革，但是管理者还是要从长远考虑，做全面的权衡，从两种方法中选择一种。渐进式变革的风险很小，但是它需要几年甚至二十年的时间来完成。但是随着经济、政治、社会、改革以及技术变革日益增快的步伐，会促使现代公司的管理者在压力下倾向于快速地转变运营和战略结果。并且这种压力不给他们时间对身份特征进行彻底的改变。

身份特征变革的推动力

要想在身份特征维度中进行渐进式变革或革命式变革，管理者可以用相同种类的、象征性或实质性的推动力来加强公司的身份特征。

管理者可以通过一篇新的评论对公司现有身份特征进行批评，或者用它提出一个可供公司选择的观点，通过这些来改变公司内外对公司本质的认识。新的身份特征可以通过重写公司的历史来提出，公司的历史能够表明公司过去已经被遗忘的部分与正在推进的身份特征之间的连续性。管理者也可以通过一个新的名字或标志、对目前或未来的员工进行培训，或通过不同类型的集体活动来传达新的身份特征。

身份特征变革的实质性推动力就是针对公司有形维度进行的决策，其中包括战略决策。这可以驱使公司远离它的历史根源，向新的生命发展，同时招募新人来强调新的价值观。这些经营决策都可以帮助改变公司对它自己的认识，还有利于形成公司的核心观点。但是，在所有的实际行动中，高管的任命仍然对公司身份特征有高度的潜在影响。

成功身份特征变革的共同因素

我们对很多案例研究之后，我们发现成功的身份特征变革主要有以下五种因素：

1. **远见**。在我们研究的所有成功转型中，领导者通常要比其他人更早、更清晰地看到公司根深蒂固的身份特征可能会是一个严重的负债。他们能够清晰地表明自己需要对身份特征进行改变以抓住机遇、去除危险的远见。

2. **有效的沟通**。成功的身份特征构造师可以建立简单的、易于沟通的渠道，以传达进行变革的必要性以及他们正在促使公司发展方向的信息。更为重要的是，这些领导者可以顺利地重申同一个理念和信息，使关键的投资者接受这些理念。领导们并不满足于一般的信息沟通渠道。甚至，他们会站在舞台上将他们的信息传达给不同会议和演讲场合的观众。

3. **一致性**。有效的身份特征设计会获得公司内外的信任。这些领导会使他们自己日常的决策和口头行为与他们为公司描绘的蓝图相一致。通过这样做，他们可以将新身份特征构建成一个有效的框架，来解决业务问题，并且鼓励别人也这样做。

4. **领导力的连续性**。本书中所提到的多个例子中，改变公司的身份特征要求很多年，有些例子甚至需要二十年。这就需要领导力的连续性，如果要对一个已有的大型公司进行成功变革的话，这是必需的。

5. **运气和正面的信号**。对于那些野心勃勃的领导者来说，这是必要的。不管新的身份特征是如何具有吸引力，如果公司在变形期间经历了严重的业绩危机，那么改革进程很可能会"胎死腹中"或"流产"。

注释

［1］ *Business Week*, June 11, 2007: "At 3M, a Struggle Between Efficiency and Creativity: How CEO George Buckley Is Managing the Yin and Yang of Discipline and Imagination."

［2］ 关于名字改变的影响和反应的更多信息，参见 Smith, Elizabeth A., and Ruth E. Malone. 2003. "Altria Means Tobacco: Philip Morris's Identity Crisis." *American Journal of Public Health*, 93 (4): 553–556。

［3］ www.danone.com, accessed November 8, 2006.

［4］ Ravasi, D., and M. Schultz, 2006. "Responding to Organizational Identity Threats: Exploring the Role of Organizational Culture." *Academy of Management Journal*, 49 (3): 433–458.

［5］ www.3M.com, accessed November 8, 2006.

［6］ www.philips.com, accessed November 8, 2006.

［7］ 关于梅西尔离职的详细情况我们已经在第4章中做了说明。

［8］ *Financial Times*, March 15, 2000: "A Familiar Name Is Reborn as Group Transforms Itself."

［9］ *Financial Times*, October 3, 2001: "Lord Weinstock's Baby: In the Pits or on the Skids?"

结 语

The Soul of the Corporation

在这次身份特征维度之旅快要结束的时候，我们还是想强调一下贯穿全书的关键思想，以及它对身份特征时代商业领导者们的重要意义。

今天占统治地位的商业形式是将公司看做是理性的经济人。作为理性经济人，公司应该在任何地方都要利用机会赚取利润，而远离没有利润的活动。这一观点非常关注经济核算和财务状况。这里暗含的意思就是，当一个非常理性的公司认为过去的身份特征影响它创造经济价值时，就可以毅然与过去断绝联系，抹杀掉以前的记忆。当然这个比喻也想当然地认为公司就是一种商品，当股东们的利益要求它们被买、卖、合并、剥离时，就可以这样做。但是，这种观点忽略了这样一个事实，即公司也是具有自己身份特征的人性化组织。这种观点也没有重视作为一个人性化组织的身份特征问题——在个人和公司层面进行身份特征选择时都会出现危险以及新的问题，进而在整个社会层面都会出现冲突，从而带来危险。

这本书的重要主题就是身份特征时代的领导者们需要超出一般的战略、运营以及经济核算来定义领先、引导决策的做法，而应该重视身份特征维度对公司绩效的影响。我们在书中列举了很多案例，这些案例都表明即使是最受尊敬的高管——那些在全世界被公认为是最优秀、最聪明的人——如果他们过于依赖传统的专业管理工具的话，他们将陷入严重的困境之中。在这些案例中另外一些天才的领导者受到了身份特征问题的困扰，这些问题他们从来没有考虑过，也不知道该如何应对。

通过这本书，我们努力论证恰到好处的身份特征在公司发展的某一点上是一项非常有价值的资产，而在有时却会成为一项严重的负债。当意识到它是资产或负债，并知道如何去应对它时，它就会成为有效领导力的一部分。当意识到身份特征的负债多于它能带来的收益时，你就应该努力地去改变它，而不退缩。

为了帮助你诊断并重视身份特征维度，我们发明了身份特征维度审计法以及许多框架用来供你选择，用以解决购并、剥离、战略联盟以及公司开发品牌组合时公司在市场中的身份特征问题。在这些情况下，你会遇到两个最基本的问题。

首先，公司内外对公司身份特征维度的认识有多少一致性？当认识一致或有分歧的时候，所遇到的管理挑战是截然不同的。当只是对一方看法一致，而对另一方存在分歧的时候，挑战也是截然不同的。当公司内外对公司的认识都是一致的时候，我们以及外部的人都对我们是谁保持一致意见。当双方观点都不一致时，我们和外界都不清楚我们是谁。在一些案例中，我们对自己是谁有高度一致的看法，而外界却不这么看我们。而另一些中，我们都不肯定自己是谁，而外界却很肯定我们。你需要知道上述四种情况哪种是对自己公司面临情况的最佳描述。

第二个问题就是你是否会利用你自己公司目前的身份特征来进行重要决策。或者你是否会因为你的决策与目前的身份特征不一致而着手对身份特征进行改变，在重新定义的身份特征中使之变得可能或者合意。

公司的身份特征可以被改变，但是它不能被强行改变。改变公司身份特征不仅仅需要进行新的宗旨陈述、换个新名字或者换一个新的可视身份特征。身份特征改变只有当公司内外绝大多数人都对新身份特征表示认可和接受时才算真正完成。身份特征必须要被广泛地认可，这也就意味着领导者必须是推销员，让大家达形成共识并集中在他们决策的周围。为了在身份特征时代培养胜任的领导者，管理培训和拓展训练需要更加强调心理、沟通和政治技能。

　　培训不仅对 CEO 和高级管理者有用，对董事会的成员们也是必要的。要想对公司内部的高管和管理团队产生影响，董事会的成员们必须要在选择新的高管人员时将对身份特征的意识加入到评价标准当中。尤其是当董事会都认为公司目前的身份特征存在问题时，选择经历过公司变化、并在变化中证明是重视并理解身份特征的人来担任公司的最高职位。比如卡洛斯·戈恩就在尊重公司本质的基础上改变了公司亏损的现状。

　　最后，如果你要从一个公司跳槽到另一个公司，那么你要思考在目前公司的自我身份特征和你准备加入的公司之间的匹配程度。不管这个工作多么有吸引力，如果你与公司的本质不相融，而且你不想缩小这个差距，那么你实际上就丧失了自己成功的机会。最后，彼得·德鲁克也提醒我们：管理别人要从管理自己做起。

"读好书吧"读书俱乐部
"答问题,得积分"活动

轻松注册,成为会员,享受"读好书吧"的会员优惠政策。读完《公司的灵魂》,回答以下问题中的任意两个,就可以获得3分积分:

◇ 什么是公司身份特征?

◇ 你如何评价自己公司的身份特征?

◇ 当进行并购、剥离或联盟时,应该如何处理不同公司的身份特征问题?

◇ 公司身份特征问题对公司的发展有利还是有害?

◇ 除了书中介绍的几位,你还知道哪些身份特征维度管理的大师?

累积积分,就有机会享受针对会员的优惠政策。多多参与写书评的活动,还有机会成为我们的"书评之星",获得意想不到的奖励!更多活动细则,参见网站说明:

http://www.crup.com.cn/djbooks

http://www.a-okbook.com

请将你的答案发送至:djbooks@crup.com.cn。

《在平的世界中竞争》
Competing in a Flat World
By Victor K. Fung 等 宋华 译
出版时间：2009年8月 定价：36元

  风靡全球的畅销书《世界是平的》把不可阻挡的全球化趋势展现在我们面前，向人们传递了"世界正在从圆形变成扁平，随时做好准备迎战变化"这样一种新的理念。那么，企业怎样才能在平的世界获得竞争优势？本书中，亚洲最具活力和创造力的企业——利丰集团的冯国经、冯国纶以及沃顿商学院的温德教授为您提供了答案。

  在平的世界中，企业的成功不仅仅取决于企业的竞争优势，更取决于企业所在网络的竞争优势。以往的竞争如同个人赛跑，成功企业像独来独往的马拉松选手，而平的世界中的竞争要像一场接力赛，选手的速度固然重要，但能否顺利交接棒同样重要。

  本书用大量案例说明，如何把恰当的商品以恰当的价格在恰当的时产送到恰当的地点；说明了如何增强组织弹性、扩大授权、加强整合，以适应这个平的世界。这本供应链管理的经典之作，对于所有想要在变革的时代、在全球化的浪潮中大展身手的企业和个人来说，都不可不读。

《经济指标解读》（第二版）
The Secrets of Economic Indicators, 2nd Edition
by Bernard Baumohl 吴汉洪 译校
出版时间：2009年8月 定价：48元

  这不是一本教科书，也不是关于经济方面的学术论著。这本书旨在帮助人们更好地理解：如何看待经济指标，经济指标为什么会有重要影响，它们能告诉我们多少关于未来的事情，以及人们如何最充分地利用这些信息。

  在本书第1版出版后，已经出现了许多新的经济指标，有的是很好的预测工具。为了更准确地预测经济走势，原来的一些经济指标也得到了修改完善。因此作者推出了新版，在新版中将"最有影响的经济指标"的排列顺序做了更新。新的排序对于介绍预测经济活动的新方法和说明现有指标的计算路径非常有必要。同时新版列出了哪些经济指标最能预测经济走势，增加了排名前十的"领先经济指标"的介绍……

  无论你是投资者、投资中介员工、研究人员、新闻工作者还是学生，本书都能帮助你认识经济指标，并独立地对经济走势做出更加客观的分析和判断。本书还将帮助有经济学背景的人士提升洞穿经济指标、预测经济走势的能力。

《终极领导力》
Ultimate Leadership by Russell E. Palmer　梁彩云　译
出版时间：2009 年 6 月　定价：32.00 元

拉塞尔·帕尔默(Russell E. Palmer)年仅 37 岁时就成为了德勤会计师事务所的 CEO，也是"四大"会计师事务所历史上最年轻的 CEO。在 27 年成功的职业生涯之后，他成为了沃顿商学院的院长，把沃顿商学院由一个名不见经传的商学院变成了连续多年全美排名第一的商学院。目前，他成功地运作着自己的投资公司。帕尔默的三次职业转换都由于非凡的领导力而大获成功。他在本书中总结了自己的经验和教训，提炼出练就"终极领导力"的若干原则：

- 坚定不移地保持公正和正直。
- 激发员工潜能，给他们提供广泛试验、犯错和改进的机会。
- 超前思考，但不让领导目标与员工期望脱节。
- 平常时期未雨绸缪，危急时刻迅速决策。

帕尔默用大量的例子说明，在不同类型的组织中，怎样灵活运用这些原则去获得成功。合伙企业、学术组织、非营利组织、政府部门等各类组织的领导者，都能从本书中获益。

《卖掉蓝象》
Sell Blue Elepants
By Howard Moskowitz 等　刘宝成　译
出版时间：2009 年 7 月　定价：38 元（估）

在欧美文化中，"卖掉蓝象"是异想天开的代名词。这正是作者在本书中所强调的核心：许多突破性的产品并不是通过市场调查产生的，而是研发部门、营销人员通过一定方法"挖掘"出来的。这一方法就是 RDE。通过 RDE，顾客可以实际参与新产品的开发，产品开发人员与营销人员借此可以找出开启客户心扉的钥匙，科学地设计、测试、修正产品创意，有的放矢地创造出新产品，成功地将新产品推向市场。最终，即使顾客不知道自己需要什么，也能被发掘出来的产品所吸引，并实现购买。

本书摒弃了深奥艰涩的数理统计，运用世界顶尖公司的具体案例，简明易懂地介绍了 RDE 的实施方法，向您展示如何为顾客提供前所未有同时广受欢迎的产品和服务，如何"卖掉蓝象"。

无论你是品牌经理、广告设计师还是产品开发人员、营销人员，本书都能够帮助你用一种全新的方法和思路了解消费者的行为，从而拓宽市场空间。对于学生们来说，也可以通过阅读本书，把 RDE 方法运用到自己的研究领域中。

Authorized translation from the English language edition, entitled The Soul of the Corporation: How to Manage the Identity of Your Company, 1st Edition, 9780131857261 by Hamid Bouchikhi, John Kimberly, published by Pearson Education, Inc, publishing as Wharton School Publishing, Copyright © 2008 by pearson Education Inc.

All rights reserved. No part of this book may be reproduced or transmitted in any form or by any means, electronic or mechanical, including photocopying, recording or by any information storage retrieval system, without permission from Pearson Education, Inc.

CHINESE SIMPLIFIED language edition published by PEARSON EDUCATION ASIA LTD., and CHINA RENMIN UNIVERSITY PRESS Copyright © 2009.

本书中文简体字版由培生教育出版公司授权中国人民大学出版社合作出版，未经出版者书面许可，不得以任何形式复制或抄袭本书的任何部分。

本书封面贴有 Pearson Education（培生教育出版集团）激光防伪标签。无标签者不得销售。

图书在版编目（CIP）数据

公司的灵魂：如何管理你公司的身份特征/布希基，金伯利著；孙颖译．
北京：中国人民大学出版社，2010
（沃顿商学院图书）
ISBN 978-7-300-12145-1

Ⅰ.①公…
Ⅱ.①布…②金…③孙…
Ⅲ.①公司－企业管理－研究
Ⅳ.①F276.6

中国版本图书馆 CIP 数据核字（2010）第 083278 号

沃顿商学院图书
公司的灵魂：如何管理你公司的身份特征
哈米德·布希基　约翰·R·金伯利　著
孙　颖　译
Gongsi de Linghun

出版发行	中国人民大学出版社		
社　　址	北京中关村大街 31 号	邮政编码	100080
电　　话	010－62511242（总编室）		010－62511398（质管部）
	010－82501766（邮购部）		010－62514148（门市部）
	010－62515195（发行公司）		010－62515275（盗版举报）
网　　址	http://www.crup.com.cn		
	http://www.ttrnet.com（人大教研网）		
经　　销	新华书店		
印　　刷	北京联兴盛业印刷股份有限公司		
规　　格	165 mm×240 mm　16 开本	版　次	2010 年 6 月第 1 版
印　　张	12 插页 1	印　次	2010 年 6 月第 1 次印刷
字　　数	173 000	定　价	29.00 元

版权所有　侵权必究　印装差错　负责调换